CODE CIVIL

DU

PEUPLE FRANÇAIS.

A PARIS,

Chez
CHAIGNIEAU aîné, imprimeur-
libraire, rue de la Monnaie, n°. 17,
vis-à-vis la rue Boucher.
PIGOREAU, place Saint-Germain-
l'Auxerrois.
RENARD, rue Caumartin, n°. 750,
et rue de l'Université, n°. 922.
Veuve DUFRESNE, au Palais de
Justice, galerie des Prisonniers.
MARCHAND, Palais du Tribunat,
galerie de bois, n°. 888.

CODE CIVIL

DU

PEUPLE FRANÇAIS.

SECONDE ÉDITION,

Revue sur le Bulletin des Lois, et augmentée
des Lois supplémentaires.

A PARIS,

IMPRIMERIE DE CHAIGNIEAU AÎNÉ.

AN XI. — 1803.

TABLE.

LIVRE III DU CODE CIVIL.

Fin de la table.

CODE CIVIL.

Loi du 14 ventose an 11, promulguée à Paris le 24.

Au nom du peuple français, Bonaparte, premier Consul, PROCLAME Loi de la République le décret suivant, rendu par le Corps législatif le 14 vent. an 11, conformément à la proposition faite par le Gouvernement le 4 du même mois, communiquée au Tribunat le lendemain.

TITRE PRÉLIMINAIRE.

De la Publication, des Effets et de l'Application des Lois en général.

ART. 1er. Les lois sont exécutoires dans tout le territoire français, en vertu de la promulgation qui en est faite par le premier Consul.

Elles seront exécutées dans chaque partie de la République, du moment où la promulgation en pourra être connue.

La promulgation faite par le premier Consul sera réputée connue, dans le département où siégera le Gouvernement, un jour après celui de la promulgation ; et dans chacun des autres départemens, après l'expiration du même délai, augmenté d'autant de jours qu'il y aura de fois dix myriamètres (environ vingt lieues) entre la ville où la promulgation en aura été faite, et le chef-lieu de chaque département.

2. La loi ne dispose que pour l'avenir; elle n'a point d'effet rétroactif.

3. Les lois de police et de sûreté obligent tous ceux qui habitent le territoire.

Les immeubles, même ceux possédés par des étrangers, sont régis par la loi française.

Les lois concernant l'état et la capacité des personnes régissent les Français, même résidant en pays étrangers.

4. Le juge qui refusera de juger, sous prétexte du silence, de l'obscurité ou de l'insuffisance de la loi, pourra être poursuivi comme coupable de déni de justice.

5. Il est défendu aux juges de prononcer, par voie de disposition générale et réglementaire sur les causes qui leur sont soumises.

6. On ne peut déroger par des conventions particulières, aux lois qui intéressent l'ordre public et les bonnes mœurs.

Collationné à l'original par nous président et secrétaires du Corps législatif. A Paris, le 14 vent., an 11 de la Rép. Française. *Signé* DELATTRE, *président,* GEOFFROY, F. DUBOURG, VIENOT-VAUBLANC, SERVIEZ, *secrétaires.*

SOIT la présente Loi revêtue du sceau de l'État, insérée au Bulletin des Lois, inscrite dans les registres des autorités judiciaires et administratives, et le grand juge, ministre de la justice, chargé d'en surveiller la publication. A Paris, le 24 ventose an 11 de la République.

Signé BONAPARTE, *premier Consul,* contre-signé le secrét.-d'état, H.B. MARET, et scellé du sceau de l'état.

Vu, le grand-juge, ministre de la justice, *signé* REGNIER.

Loi du 17 ventose an 11, promulguée à Paris le 27.

TITRE PREMIER.

De la Jouissance et de la Privation des Droits civils.

CHAPITRE PREMIER.

De la Jouissance des Droits civils.

7. L'EXERCICE des droits civils est indépendant de la qualité de *Citoyen*, laquelle ne s'acquiert et ne se conserve que conformément à la loi constitutionnelle.

8. Tout Français jouira des droits civils.

9. Tout individu né en France d'un étranger, pourra, dans l'année qui suivra l'époque de sa majorité, réclamer la qualité de *Français*; pourvu que, dans le cas où il résiderait en France, il déclare que son intention est d'y fixer son domicile; et que dans dans le cas où il résiderait en pays étranger, il fasse sa soumission de fixer en France son domicile, et qu'il l'y établisse dans l'année, à compter de l'acte de soumission.

10. Tout enfant né d'un Français en pays étranger est Français.

Tout enfant né en pays étranger, d'un Français qui aurait perdu la qualité de Français, pourra toujours recouvrer cette qualité en remplissant les formalités prescrites par l'article 9.

11. L'étranger jouira en France des mêmes droits civils que ceux qui sont ou seront accordés aux Français par les traités de la nation à laquelle cet étranger appartiendra.

12. L'étrangère qui aura épousé un Français suivra la condition de son mari.

13. L'étranger qui aura été admis par le gouvernement à établir son domicile en France, y jouira de tous les droits civils, tant qu'il continuera d'y résider.

14 L'étranger, même non résidant en France, pourra être cité devant les tribunaux français, pour l'exécution des obligations par lui contractées en France avec un Français; il pourra être traduit devant les tribunaux de France, pour les obligations par lui contractées en pays étranger envers des Français.

15. Un Français pourra être traduit devant un tribunal de France, pour des obligations par lui contractées en pays étranger, même avec un étranger.

16. En toutes matières, autres que celles de commerce, l'étranger qui sera demandeur, sera tenu de donner caution pour le paiement des

frais et dommages intérêts résultant du procès, a moins qu'il ne possède en France des immeubles d'une valeur suffisante pour assurer ce paiement.

CHAPITRE II.

De la Privation des Droits civils.

SECTION Ire.

De la Privation des Droits civils par la perte de la qualité de Français.

17. La qualité de Français se perdra, 1°. par la naturalisation acquise en pays étranger; 2°. par l'acceptation non autorisée par le Gouvernement, de fonctions publiques conférées par un gouvernement étranger; 3°. par l'affiliation à toute corporation étrangère qui exigera des distinctions de naissance; 4°. enfin, par tout établissement fait en pays étranger, sans esprit de retour.

Les établissemens de commerce ne pourront jamais être considérés comme ayant été faits sans esprit de retour.

18. Le Français qui aura perdu sa qualité de Français, pourra toujours la recouvrer en rentrant en France avec l'autorisation du Gouvernement, et en déclarant qu'il veut s'y fixer,

et qu'il renonce à toute distinction contraire
à la loi française.

19. Une femme française qui épousera un
étranger suivra la condition de son mari.

Si elle devient veuve, elle recouvrera la qualité
de Française, pourvu qu'elle réside en France,
ou qu'elle y rentre avec l'autorisation du Gouvernement, et en déclarant qu'elle veut s'y fixer.

20. Les individus qui recouvreront la qualité de Français dans les cas prévus par les
articles 10, 18, et 19, ne pourront s'en pré-
valoir, qu'après avoir rempli les conditions qui
leur sont imposées par ces articles, et seulement
pour l'exercice des droits ouverts à leur profit
depuis cette époque.

21. Le Français qui, sans autorisation du
Gouvernement, prendrait du service militaire
chez l'étranger, ou s'affilierait à une corporation
militaire étrangère, perdra sa qualité de Français.

Il ne pourra rentrer en France qu'avec la
permission du Gouvernement, et recouvrer la
qualité de Français, qu'en remplissant les conditions imposées à l'étranger pour devenir citoyen;
le tout sans préjudice des peines prononcées par
la loi criminelle contre les Français qui ont porté
ou qui porteront les armes contre leur patrie.

SECTION I·I.

De la Privation des Droits civils par suite des Condamnations judiciaires.

22. Les condamnations à des peines dont l'effet est de priver celui qui est condamné, de toute participation aux droits civils ci-après exprimés, emporteront la mort civile.

23. La condamnation à la mort naturelle emportera la mort civile.

24. Les autres peines afflictives perpétuelles n'emporteront la mort civile qu'autant que la loi y aurait attaché cet effet.

25. Par la mort civile, le condamné perd la propriété de tous les biens qu'il possédait; sa succession est ouverte au profit de ses héritiers, auxquels ses biens sont dévolus, de la même manière que s'il était mort naturellement et sans testament. Il ne peut plus ni recueillir aucune succession, ni transmettre, à ce titre, les biens qu'il a acquis par la suite. Il ne peut ni disposer de ses biens en tout ou en partie, par donation entre-vifs, ni par testament, ni recevoir à ce titre, si ce n'est pour cause d'alimens. Il ne peut être nommé tuteur ni concourir aux opérations relatives à la tutelle. Il ne peut être témoin dans un acte solennel ou authentique, ni être admis à

porter témoignage en justice. Il ne peut procéder en justice, ni en défendant, ni en deman-
dant, que sous le nom et par le ministère d'un
curateur spécial, qui lui est nommé par le tribunal où l'action est portée. Il est incapable de
contracter un mariage qui produise aucun effet
civil. Le mariage qu'il avait contracté précédemment est dissous, quant à tous ses effets civils.

Son époux et ses héritiers peuvent exercer
respectivement les droits et les actions auxquels
sa mort naturelle donnerait ouverture.

26. Les condamnations contradictoires n'em-
portent la mort civile qu'à compter du jour de
leur exécution, soit réelle, soit par effigie.

27. Les condamnations par contumace n'emporteront la mort civile qu'après les cinq années qui suivront l'exécution du jugement par
effigie, et pendant lesquelles le condamné peut
se représenter.

28. Les condamnés par contumace seront,
pendant les cinq ans, ou jusqu'à ce qu'ils se
représentent ou qu'ils soient arrêtés pendant
ce délai, privés de l'exercice des droits civils.

Leurs biens seront administrés et leurs droits
exercés de même que ceux des absens.

29. Lorsque le condamné par contumace se
présentera volontairement dans les cinq années,
à compter du jour de l'exécution, ou lorsqu'il .

aura été saisi et constitué prisonnier dans ce délai, le jugement sera anéanti de plein droit; l'accusé sera remis en possession de ses biens : il sera jugé de nouveau; et si, par ce nouveau jugement, il est condamné à la même peine ou à une peine différente emportant également la mort civile, elle n'aura lieu qu'à compter du jour de l'exécution du second jugement.

80. Lorsque le condamné par contumace, qui ne se sera représenté ou qui n'aura été constitué prisonnier qu'après les cinq ans, sera absous par le nouveau jugement, ou n'aura été condamné qu'à une peine qui n'emportera pas la mort civile, il rentrera dans la plénitude de ses droits civils, pour l'avenir et à compter du jour où il aura reparu en justice; mais le premier jugement conservera, pour le passé, les effets qu'avait produits la mort civile dans l'intervalle écoulé depuis l'époque de l'expiration des cinq ans jusqu'au jour de sa comparution en justice.

81. Si le condamné par contumace meurt dans le délai de grâce des cinq années sans s'être représenté, ou sans avoir été saisi ou arrêté, il sera réputé mort dans l'intégrité de ses droits. Le jugement de contumace sera anéanti de plein droit, sans préjudice néanmoins de l'action de la partie civile, laquelle ne pourra être in-

tentée contre les héritiers du condamné que par la voie civile.

3₂. En aucun càs la prescription de la peine ne réintégrera le condamné dans ses droits civils pour l'avenir.

33. Les biens acquis par le condamné depuis la mort civile encourue, et dont il se trouvera en possession au jour de sa mort naturelle, appartiendront à la nation par droit de déshérence.

Néanmoins le Gouvernement pourra faire, au profit de la veuve, des enfans ou parens du condamné, telles dispositions que l'humanité lui suggérera.

Loi du 2₀ ventose an 11, promulguée à Paris le 30.

TITRE II.

Des Actes de l'Etat civil.

CHAPITRE PREMIER.

Dispositions générales.

3₄. LES actes de l'état civil énonceront l'année, le jour et l'heure où ils seront reçus, les prénoms, noms, âge, profession et domicile de tous ceux qui y seront dénommés.

35. Les officiers de l'état civil ne pourront rien insérer dans les actes qu'ils recevront, soit par note, soit par énonciation quelconque, que ce qui doit être déclaré par les comparans.

36. Dans les cas où les parties intéressées ne seront point obligées de comparaître en personne, elles pourront se faire représenter par un fondé de procuration spéciale et authentique.

37. Les témoins produits aux actes de l'état civil ne pourront être que du sexe masculin, âgés de vingt-un ans au moins, parens ou autres; et ils seront choisis par les personnes intéressées.

38. L'officier de l'état civil donnera lecture des actes aux parties comparantes, ou à leur fondé de procuration, et aux témoins. Il y sera fait mention de l'accomplissement de cette formalité.

39. Ces actes seront signés par l'officier de l'état civil, par les comparans et les témoins; ou mention sera faite de la cause qui empechera les comparans et les témoins de signer.

40. Les actes de l'état civil seront inscrits, dans chaque commune, sur un ou plusieurs registres tenus doubles.

41. Les registres seront cotés par première et dernière, et paraphés sur chaque feuille, par le président du tribunal de première instance, ou par le juge qui le remplacera.

42. Les actes seront inscrits sur les registres, de

suite, sans aucun blanc. Les ratures et les renvois seront approuvés et signés de la même manière que le corps de l'acte. Il n'y sera rien écrit par abréviation, et aucune date ne sera mise en chiffres.

45. les registres seront clos et arrêtés par l'officier de l'état civil, à la fin de chaque année; et dans le mois, l'un des doubles sera déposé aux archives de la commune; l'autre au greffe du tribunal de première instance.

44. Les procurations et les autres pièces qui doivent demeurer annexées aux actes de l'état civil, seront déposées, après qu'elles auront été paraphées par la personne qui les aura produites, et par l'officier de l'état civil, au greffe du tribunal, avec le double des registres dont le dépôt doit avoir lieu audit greffe.

45. Toute personne pourra se faire délivrer par les dépositaires des registres de l'état civil, des extraits de ces registres. Les extraits délivrés conformes aux registres, et légalisés par le président du tribunal de première instance, ou par le juge qui le remplacera, feront foi jusqu'à inscription de faux.

46. Lorsqu'il n'aura pas existé de registres, ou qu'ils seront perdus, la preuve en sera reçue tant par titres que par témoins; et dans ces cas, les mariages, naissances et décès, pourront être

prouvés tant par les registres et papiers émanés des pères et mères décédés, que par témoins.

47. Tout acte de l'état civil des Français et des étrangers, fait en pays étranger, fera foi, s'il a été rédigé dans les formes usitées dans ledit pays.

48. Tout acte de l'état civil des Français en pays étranger sera valable, s'il a été reçu, conformément aux lois françaises, par les agens diplomatiques, ou par les commissaires des relations commerciales de la République.

49. Dans tous les cas où la mention d'un acte relatif à l'état civil devra avoir lieu en marge d'un autre acte déja inscrit, elle sera faite à la requête des parties intéressées, par l'officier de l'état civil, sur les registres courans ou sur ceux qui auront été déposés aux archives de la commune, et par le greffier du tribunal de première instance, sur les registres déposés au greffe; à l'effet de quoi l'officier de l'état civil en donnera avis dans les trois jours au commissaire du gouvernement près ledit tribunal, qui veillera à ce que la mention soit faite d'une manière uniforme sur les deux registres.

50. Toute contravention aux articles précédens de la part des fonctionnaires y dénommés, sera poursuivie devant le tribunal de première instance, et punie d'une amende qui ne pourra excéder 100 fr.

51. Tout dépositaire des registres sera civilement responsable des altérations qui y sur-
viendront, sauf son recours, s'il y a lieu, contre
les auteurs desdites altérations.

52. Toute altération, tout faux dans les
actes de l'état civil, toute inscription de ces
actes faite sur une feuille volante et autrement que sur les registres à ce destinés, donneront lieu aux dommages-intérêts des parties,
sans préjudice des peines portées au code pénal.

53. Le commissaire du Gouvernement près
le tribunal de première instance sera tenu de
vérifier l'état des registres lors du dépôt qui en
sera fait au greffe; il dressera un procès-verbal
sommaire de la vérification, dénoncera les
contraventions ou délits commis par les officiers
de l'état civil, et requerra contre eux la condamnation aux amendes.

54. Dans tous les cas où un tribunal de
première instance connaîtra des actes relatifs à
l'état civil, les parties intéressées pourront se
pourvoir contre le jugement.

C H A P I T R E I I.
Des Actes de Naissance.

55. Les déclarations de naissance seront faites,
dans les trois jours de l'accouchement, à l'officier
de l'état civil du lieu; l'enfant lui sera présenté.

56. La naissance de l'enfant sera déclarée par le père, ou, à défaut du père, par les docteurs en médecine ou en chirurgie, sages-femmes, officiers de santé ou autres personnes qui auront assisté à l'accouchement; et lorsque la mère sera accouchée hors de son domicile, par la personne chez qui elle sera accouchée.

L'acte de naissance sera rédigé de suite, en présence de deux témoins.

57. L'acte de naissance énoncera le jour, l'heure et le lieu de la naissance, le sexe de l'enfant, et les prénoms qui lui seront donnés, les prénoms, noms, profession et domicile des père et mère, et ceux des témoins.

58. Toute personne qui aura trouvé un enfant nouveau-né, sera tenue de le remettre à l'officier de l'état civil, ainsi que les vêtemens et autres effets trouvés avec l'enfant, et de déclarer toutes les circonstances du temps et du lieu où il aura été trouvé.

Il en sera dressé un procès-verbal détaillé, qui énoncera en outre l'âge apparent de l'enfant, son sexe, les noms qui lui seront donnés, l'autorité civile à laquelle il sera remis : le procès-verbal sera inscrit sur les registres.

59. S'il naît un enfant pendant un voyage de mer, l'acte de sa naissance sera dressé dans les vingt-quatre heures, en présence du père, s'il

est présent, et de deux témoins pris parmi les officiers du bâtiment, ou, à leur défaut, parmi les hommes de l'équipage. Cet acte sera rédigé, savoir, sur les bâtimens de l'état, par l'officier d'administration de la marine; et sur les bâti-mens appartenant à un armateur ou négociant, par le capitaine, maître ou patron du navire. L'acte de naissance sera inscrit à la suite du rôle d'équipage.

60. Au premier port où le bâtiment abordera, soit de relâche, soit pour toute autre cause que celle de son désarmement, les officiers de l'administration de la marine, capitaine, maître ou patron, seront tenus de déposer deux expé-ditions authentiques des actes de naissance qu'ils auront rédigés, savoir, dans un port français, au bureau du préposé à l'inscription maritime; et dans un port étranger, entre les mains du commissaire des relations commerciales.

L'une de ces expéditions restera déposée au bureau de l'inscription maritime, ou à la chan-cellerie du commissariat; l'autre sera envoyée au ministre de la marine, qui fera parvenir une copie, de lui certifiée, de chacun desdits actes à l'officier de l'état civil du domicile du père de l'enfant, ou de la mère, si le père est inconnu. Cette copie sera inscrite de suite sur les registres.

61. A l'arrivée du bâtiment dans le port du

désarmement, le rôle d'équipage sera déposé au bureau du préposé à l'inscription maritime, qui enverra une expédition de l'acte de naissance, de lui signée, à l'officier de l'état civil du domicile du père de l'enfant, ou de la mère, si le père est inconnu. Cette expédition sera inscrite de suite sur les registres.

62. L'acte de reconnaissance d'un enfant sera inscrit sur les registres, à sa date ; et il en sera fait mention en marge de l'acte de naissance, s'il en existe un.

CHAPITRE III.

Des Actes de Mariage.

63. Avant la célébration du mariage, l'officier de l'état civil fera deux publications, à huit jours d'intervalle, un jour de dimanche, devant la porte de la maison commune. Ces publications et l'acte qui en sera dressé, énonceront les prénoms, noms, professions et domiciles des futurs époux, leur qualité de majeurs ou de mineurs, et les prénoms, noms, professions et domiciles de leurs pères et mères. Cet acte énoncera, en outre, les jours, lieux et heures où les publications auront été faites : il sera inscrit sur un seul registre, qui sera coté et paraphé comme il est dit en l'article 41, et

L. I.						5

déposé, à la fin de chaque année, au greffe
du tribunal de l'arrondissement.

64. Un extrait de l'acte de publication sera
et restera affiché à la porte de la maison commune pendant les huit jours d'intervalle de l'une
à l'autre publication. Le mariage ne pourra
être célébré avant le troisième jour, depuis et
non compris celui de la seconde publication.

65. Si le mariage n'a pas été célébré dans
l'année, à compter de l'expiration du délai des
publications, il ne pourra plus être célébré
qu'après que de nouvelles publications auront
été faites dans la forme ci-dessus prescrite.

66. Les actes d'opposition au mariage seront
signés sur l'original et sur la copie par les
opposans ou par leurs fondés de procuration
spéciale et authentique ; ils seront signifiés,
avec la copie de la procuration, à la personne
ou au domicile des parties, et à l'officier de
l'état civil, qui mettra son *visa* sur l'original.

67. L'officier de l'état civil fera, sans délai,
une mention sommaire des oppositions sur le
registre des publications; il fera aussi mention, en marge de l'inscription desdites oppositions, des jugemens, ou des actes de main-
levée dont expédition lui aura été remise.

68. En cas d'opposition, l'officier de l'état
civil ne pourra célébrer le mariage, avant

qu'on lui en ait remis la main-levée, sous peine de trois cents francs d'amende, et de tous dommages-intérêts.

69. S'il n'y a point d'opposition, il en sera fait mention dans l'acte de mariage ; et si les publications ont été faites dans plusieurs communes, les parties remettront un certificat délivré par l'officier de l'état civil de chaque commune, constatant qu'il n'existe point d'opposition.

70. L'officier de l'état civil se fera remettre l'acte de naissance de chacun des futurs époux. Celui des époux qui serait dans l'impossibilité de se le procurer, pourra le suppléer en rapportant un acte de notoriété délivré par le juge-de-paix du lieu de sa naissance, ou par celui de son domicile.

71. L'acte de notoriété contiendra la déclaration par sept témoins de l'un ou de l'autre sexe, parens ou non parens, des prénoms, nom, profession et domicile du futur époux, et de ceux de ses père et mère, s'ils sont connus ; le lieu et, autant que possible, l'époque de sa naissance, et les causes qui empêchent d'en rapporter l'acte. Les témoins signeront l'acte de notoriété avec le juge-de-paix, et s'il en est qui ne puissent ou ne sachent signer, il en sera fait mention.

72. L'acte de notoriété sera présenté au tri-

bunal de première instance du lieu où doit se célébrer le mariage. Le tribunal, après avoir entendu le commissaire du Gouvernement, donnera ou refusera son homologation, selon qu'il trouvera suffisantes ou insuffisantes les déclarations des témoins, et les causes qui empêchent de rapporter l'état de naissance.

73. L'acte authentique du consentement des pères et mères ou aïeuls et aïeules, ou, à leur défaut, celui de la famille, contiendra les prénoms, noms, profession et domicile du futur époux, et de tous ceux qui auront concouru à l'acte, ainsi que leur degré de parenté.

74. Le mariage sera célébré dans la commune où l'un des deux époux aura son domicile. Ce domicile, quant au mariage, s'établira par six mois d'habitation continue dans la commune.

75. Le jour désigné par les parties après les délais des publications, l'officier de l'état civil, dans la maison commune, en présence de quatre témoins, parens ou non parens, fera lecture aux parties des pièces ci-dessus mentionnées, relatives à leur état et aux formalités du mariage, et du chapitre 6 du titre *du Mariage*, contenant *les droits et les devoirs respectifs des époux*. Il recevra de chaque partie, l'une après l'autre, la déclaration qu'elles veulent se prendre pour mari et femme; il prononçera, au nom

de la loi, qu'elles sont unies par le mariage, et il en dressera acte sur-le-champ.

76. On énoncera dans l'acte de mariage,

1°. Les prénoms, noms, professions, âge, lieux de naissance et domiciles des époux;

2°. S'ils sont majeurs ou mineurs;

3°. Les prénoms, noms, professions et domiciles des pères et mères;

4°. Le consentement des pères et mères, aïeuls et aïeules, et celui de la famille, dans le cas où ils sont requis;

5°. Les actes respectueux, s'il en a été fait;

6°. Les publications dans les divers domiciles;

7°. Les oppositions, s'il y en a eu, leur main-levée, ou la mention qu'il n'y a point eu d'opposition;

8°. La déclaration des contractans de se prendre pour époux, et la prononciation de leur union par l'officier public;

9°. Les prénoms, noms, âge, professions et domiciles des témoins, et leur déclaration s'ils sont parens ou alliés des parties, de quel côté et à quel degré.

CHAPITRE IV.
Des Actes de Décès.

77. Aucune inhumation ne sera faite sans une autorisation, sur papier libre et sans frais

de l'officier de l'état civil, qui ne pourra la délivrer qu'après s'être transporté auprès de la personne décédée pour s'assurer du décès, et que vingt-quatre heures après le décès, hors les cas prévus par les réglemens de police.

78. L'acte de décès sera dressé par l'officier de l'état civil, sur la déclaration de deux témoins. Ces témoins seront, s'il est possible, les deux plus proches parens ou voisins, ou, lorsqu'une personne sera décédée hors de son domicile, la personne chez laquelle elle sera décédée, et un parent ou autre

79. L'acte de décès contiendra les prénoms, nom, âge, profession et domicile de la personne décédée ; les prénoms et nom de l'autre époux, si la personne décédée était mariée ou veuve, les prénoms, noms, âge, professions et domiciles des déclarans; et, s'ils sont parens, leur dégré de parenté.

Le même acte contiendra de plus, autant qu'on pourra le savoir, les prénoms, noms, profession et domicile des père et mère du décédé, et le lieu de sa naissance.

80. En cas de décès dans les hôpitaux militaires, civils ou autres maisons publiques, les supérieurs, directeurs, administrateurs et maîtres de ces maisons, seront tenus d'en donner avis, dans les vingt-quatre heures, à l'officier

de l'état civil, qui s'y transportera pour s'assurer du décès, et en dressera l'acte, conformément à l'article précédent, sur les déclarations qui lui auront été faites, et sur les renseignemens qu'il aura pris.

Il sera tenu en outre, dans lesdits hôpitaux et maisons, des registres destinés à inscrire ces déclarations et ces renseignemens.

L'officier de l'état civil enverra l'acte de décès à celui du dernier domicile de la personne décédée, qui l'inscrira sur les registres.

81. Lorsqu'il y aura des signes ou indices de mort violente, ou d'autres circonstances qui donneront lieu de la soupçonner, on ne pourra faire l'inhumation qu'après qu'un officier de police, assisté d'un docteur en médecine ou en chirurgie, aura dressé procès-verbal de l'état du cadavre et des circonstances y relatives, ainsi que des renseignemens qu'il aura pu recueillir sur les prénoms, nom, âge, profession, lieu de naissance et domicile de la personne décédée.

82. L'officier de police sera tenu de transmettre de suite à l'officier de l'état civil du lieu où la personne sera décédée, tous les renseignemens énoncés dans son procès-verbal, d'après lesquels l'acte de décès sera rédigé.

L'officier de l'état civil en enverra une expédition à celui du domicile de la personne décédée, s'il est connu : cette expédition sera inscrite sur les registres.

83. Les greffiers criminels seront tenus d'envoyer, dans les vingt-quatre heures de l'exécution des jugemens portant peine de mort, à l'officier de l'état civil du lieu où le condamné aura été exécuté, tous les renseignemens énoncés en l'art. 79, d'après lesquels l'acte de décès sera rédigé.

84. En cas de décès dans les prisons, ou maisons de réclusion et de détention, il en sera donné avis sur-le-champ, par les concierges ou gardiens, à l'officier de l'état civil, qui s'y transportera, comme il est dit en l'article 80, et rédigera l'acte de décès.

85. Dans tous les cas de mort violente ou dans les prisons et maisons de réclusion, ou d'exécution à mort, il ne sera fait sur les registres aucune mention de ces circonstances, et les actes de décès seront simplement rédigés dans les formes prescrites par l'article 79.

86. En cas de décès pendant un voyage de mer, il en sera dressé acte dans les vingt-quatre heures, en présence de deux témoins pris parmi les officiers du bâtiment, ou, à leur défaut, parmi les hommes de l'équipage. Cet acte sera rédigé, savoir, sur les bâtimens de l'état, par l'officier d'administration de la marine; et sur les bâtimens appartenant à un

négociant ou armateur, par le capitaine, maître ou patron du navire. L'acte de décès sera inscrit à la suite du rôle de l'équipage.

87. Au premier port où le bâtiment abordera, soit de relâche, soit pour toute autre cause que celle de son désarmement, les officiers de l'administration de la marine, capitaine, maître ou patron, qui auront rédigé des actes de décès, seront tenus d'en déposer deux expéditions, conformément à l'article 60.

A l'arrivée du bâtiment dans le port du désarmement, le rôle d'équipage sera déposé au bureau du préposé à l'inscription maritime; il enverra une expédition de l'acte de décès, de lui signée, à l'officier de l'état civil du domicile de la personne décédée: cette expédition sera inscrite de suite sur les registres.

CHAPITRE V.

Des Actes de l'Etat civil concernant les Militaires hors du territoire de la République.

88. Les actes de l'état civil faits hors du territoire de la République, concernant des militaires ou autres personnes employées à la suite des armées, seront rédigés dans les formes prescrites par les dispositions précédentes; sauf les exceptions contenues dans les articles suivans.

89. Le quartier-maître de chaque corps d'un ou plusieurs bataillons ou escadrons ; et le capitaine commandant, dans les autres corps, rempliront les fonctions d'officiers de l'état civil : ces mêmes fonctions seront remplies, pour les officiers sans troupes et pour les employés de l'armée, par l'inspecteur aux revues attaché à l'armée ou au corps d'armée.

90. Il sera tenu, dans chaque corps de troupes, un registre pour les actes de l'état civil relatifs aux individus de ce corps, et un autre à l'état-major de l'armée ou d'un corps d'armée, pour les actes civils relatifs aux officiers sans troupes et aux employés : ces registres seront conservés de la même manière que les autres registres des corps et états-majors, et déposés aux archives de la guerre, à la rentrée des corps ou armées sur le territoire de la république.

91. Les registres seront cotés et paraphés, dans chaque corps, par l'officier qui le commande, et à l'état-major, par le chef de l'état-major-général.

92. Les déclarations de naissance à l'armée seront faites dans les dix jours qui suivront l'accouchement.

93. L'officier chargé de la tenue du registre de l'état civil, devra, dans les dix jours qui suivront l'inscription d'un acte de naissance

audit registre, en adresser un extrait à l'officier de l'état civil du dernier domicile du père de l'enfant, ou de la mère si le père est inconnu.

94. Les publications de mariage des militaires et employés à la suite des armées, seront faites au lieu de leur dernier domicile; elles seront mises en outre, vingt-cinq jours avant la célébration du mariage, à l'ordre du jour du corps, pour les individus qui tiennent à un corps, et à celui de l'armée où du corps d'armée, pour les officiers sans troupes, et pour les employés qui en font partie.

95. Immédiatement après l'inscription sur le registre, de l'acte de célébration du mariage, l'officier chargé de la tenue du registre en enverra une expédition à l'officier de l'état civil du dernier domicile des époux.

96. Les actes de décès seront dressés, dans chaque corps, par le quartier-maître; et pour les officiers sans troupes et les employés, par l'inspecteur aux revues de l'armée, sur l'attestation de trois témoins; et l'extrait de ces registres sera envoyé, dans les dix jours, à l'officier de l'état civil du dernier domicile du décédé.

97. En cas de décès dans les hôpitaux militaires ambulans ou sédentaires, l'acte en sera rédigé par le directeur desdits hôpitaux, et envoyé au quartier-maître du corps, ou à l'inspecteur aux

revues de l'armée ou du corps d'armée dont le décédé fesait partie ; ces officiers en feront parvenir une expédition à l'officier de l'état civil du dernier domicile du décédé.

98. L'officier de l'état civil du domicile des parties, auquel il aura été envoyé de l'armée expédition de l'acte civil, sera tenu de l'inscrire de suite sur les registres.

CHAPITRE VI.

De la Rectification des Actes de l'Etat civil.

99. Lorsque la rectification d'un acte de l'état civil sera demandée, il sera satué, sauf l'appel, par le tribunal compétent, et sur les conclusions du commissaire du Gouvernement ; les parties intéressées seront appelées, s'il y a lieu.

100. Le jugement de rectification ne pourra, dans aucun temps, être opposé aux parties intéressées qui ne l'auraient point requis, ou qui n'y auraient pas été appelées.

101. Les jugemens de rectification seront inscrits sur les registres par l'officier de l'état civil, aussitôt qu'ils lui auront été remis, et mention en sera faite en marge de l'acte réformé.

Loi du 23 vent. an 11, promulguée à Paris le 3 germ.

TITRE III.

Du Domicile.

102. LE domicile de tout Français, quant à l'exercice de ses droits civils, est au lieu où il a son principal établissement.

103. Le changement de domicile s'opérera par le fait d'une habitation réelle dans un autre lieu, joint à l'intention d'y fixer son principal établissement.

104. La preuve de l'intention résultera d'une déclaration expresse, faite tant à la municipalité du lieu qu'on quittera qu'à celle du lieu où on aura transféré son domicile.

105. A défaut de déclaration expresse, la preuve de l'intention dépendra des circonstances.

106. Le citoyen appelé à une fonction publique temporaire ou révocable, conservera le domicile qu'il avait auparavant, s'il n'a pas manifesté d'intention contraire.

107. L'acceptation de fonctions conférées à vie emportera translation immédiate du domi-

cile du fonctionnaire dans le lieu où il doit exercer ces fonctions.

108. La femme mariée n'a point d'autre domicile que celui de son mari. Le mineur non émancipé aura son domicile chez ses père et mère ou tuteur ; le majeur interdit aura le sien chez son curateur.

109. Les majeurs qui servent ou travaillent habituellement chez autrui, auront le même domicile que la personne qu'ils servent ou chez laquelle ils travaillent, lorsqu'ils demeureront avec elle dans la même maison.

110. Le lieu où la succession s'ouvrira, sera déterminé par le domicile.

111. Lorsqu'un acte contiendra de la part des parties ou de l'une d'elles, élection de domicile pour l'exécution de ce même acte dans un autre lieu que celui du domicile réel, les significations, demandes et poursuites relatives à cet acte, pourront être faites au domicile convenu, et devant le juge de ce domicile.

Loi du 24 vent. an 11, promulguée à Paris le 4 germ.

TITRE IV.

Des Absens

CHAPITRE PREMIER.

De la Présomption d'Absence.

112. S'IL y a nécessité de pourvoir à l'administration de tout ou partie des biens laissés par une personne présumée absente, et qui n'a point de procureur fondé, il y sera statué par le tribunal de première instance, sur la demande des parties intéressées.

113. Le tribunal, à la requête de la partie la plus diligente, commettra un notaire pour représenter les présumés absens, dans les inventaires, comptes, partages et liquidations dans lesquels ils seront intéressés.

114. Le ministère public est spécialement chargé de veiller aux intérêts des personnes présumées absentes, et il sera entendu sur toutes les demandes qui les concernent.

CHAPITRE II.

De la Déclaration d'Absence.

115. Lorsqu'une personne aura cessé de paraitre au lieu de son domicile ou de sa rési-

dence, et que depuis quatre ans on n'en aura
point eu de nouvelles, les parties. intéressées
pourront se pourvoir devant le tribunal de première instance, afin que l'absence soit déclarée.

116. Pour constater l'absence, le tribunal,
d'après les pièces et documens produits, ordonnera qu'une enquête soit faite contradictoirement avec le commissaire du gouvernement,
dans l'arrondissement du domicile et dans celui
de la résidence, s'ils sont distincts l'un de l'autre.

117. Le tribunal, en statuant sur la demande,
aura d'ailleurs égard aux motifs de l'absence et
aux causes qui ont pu empêcher d'avoir des
nouvelles de l'individu présumé absent.

118. Le commissaire du gouvernement enverra, aussitôt qu'ils seront rendus, les jugemens
tant préparatoires que définitifs, au grand-juge,
ministre de la justice, qui les rendra publics.

119. Le jugement de la déclaration d'absence
ne sera rendu qu'un an après le jugement qui
aura ordonné l'enquête.

CHAPITRE III.
Des Effets de l'Absence.

SECTION PREMIÈRE.

*Des Effets de l'Absence, relativement aux biens que
l'absent possédait au jour de sa disparition.*

120. Dans les cas où l'absent n'aurait point

laissé de procuration pour l'administration de ses biens, ses héritiers présomptifs au jour de sa disparition ou de ses dernières nouvelles, pourront, en vertu du jugement définitif qui aura déclaré l'absence, se faire envoyer en possession provisoire des biens qui appartenaient à l'absent au jour de son départ ou de ses dernières nouvelles, à la charge de donner caution pour la sureté de leur administration.

121. Si l'absent a laissé une procuration, ses héritiers présomptifs ne pourront poursuivre la déclaration d'absence et l'envoi en possession provisoire, qu'après dix années révolues depuis sa disparition ou depuis ses dernières nouvelles.

122. Il en sera de même si la procuration vient à cesser; et, dans ce cas, il sera pourvu à l'administration des biens de l'absent, comme il est dit au chapitre 1er.

123. Lorsque les héritiers présomptifs auront obtenu l'envoi en possession provisoire, le testament, s'il en existe un, sera ouvert à la réquisition des parties intéressées, ou du commissaire du gouvernement près le tribunal; et les légataires, les donataires, ainsi que tous ceux qui avaient sur les biens de l'absent des droits subordonnés à la condition de son décès, pourront les exercer provisoirement, à la charge de donner caution.

124. L'époux commun en biens, s'il opte pour
la continuation de la communauté, pourra
empêcher l'envoi provisoire, et l'exercice provisoire de tous les droits subordonnés à la condition du décès de l'absent, et prendre ou
conserver par préférence l'administration des
biens de l'absent : si l'époux demande la dissolution provisoire de la communauté, il exercera
ses reprises et tous ses droits légaux et conven-
tionnels, à la charge de donner caution pour
les choses susceptibles de restitution.

La femme, en optant pour la continuation
de la communauté, conservera le droit d'y renoncer ensuite.

125. La possesion provisoire ne sera qu'un
dépôt, qui donnera à ceux qui l'obtiendront,
l'administration des biens de l'absent, et qui
les rendra comptables envers lui, en cas qu'il
reparaisse ou qu'on ait de ses nouvelles.

126. Ceux qui auront obtenu l'envoi provisoire, ou l'époux qui aura opté pour la continuation de la communauté, devront faire
procéder à l'inventaire du mobilier et des titres
de l'absent, en présence du commissaire du
gouvernement près le tribunal de première instance, ou d'un juge de paix requis par ledit
commissaire.

Le tribunal ordonnera, s'il y a lieu, de vendre

tont ou partie du mobilier. Dans le cas de vente, il sera fait emploi du prix, ainsi que des fruits échus.

Ceux qui auront obtenu l'envoi provisoire pourront requérir, pour leur sureté, qu'il soit procédé, par un expert nommé par le tribunal, à la visite des immeubles, à l'effet d'en constater l'état. Son rapport sera homologué en présence du commissaire du gouvernement ; les frais en seront pris sur les biens de l'absent.

127. Ceux qui, par suite de l'envoi provisoire ou de l'administration légale, auront joui des biens de l'absent, ne seront tenus de lui rendre que le cinquième des revenus, s'il reparait avant quinze ans révolus depuis le jour de sa disparition, et le dixième, s'il ne reparait qu'après les quinze ans.

Après trente ans d'absence, la totalité des revenus leur appartiendra.

128. Tous ceux qui ne jouiront qu'en vertu de l'envoi provisoire, ne pourront aliéner ni hypothéquer les immeubles de l'absent.

129. Si l'absence a continué pendant trente ans depuis l'envoi provisoire, ou depuis l'époque à laquelle l'époux commun aura pris l'administration des biens de l'absent, ou s'il s'est écoulé cent ans révolus depuis la naissance de l'absent, les cautions seront déchargées ; tous les ayant-droit pourront demander le partage des biens de

l'absent, et faire prononcer l'envoi en possession définitif par le tribunal de première instance.

130. La succession de l'absent sera ouverte, du jour de son décès prouvé, au profit des héritiers les plus proches à cette époque; et ceux qui auraient joui des biens de l'absent seront tenus de les restituer, sous la réserve des fruits par eux acquis en vertu de l'art. 127.

131. Si l'absent reparaît, ou si son existence est prouvée pendant l'envoi provisoire, les effets du jugement qui aura déclaré l'absence, cesseront, sans préjudice, s'il y a lieu, des mesures conservatoires prescrites, pour l'administration de ses biens au chapitre 1er.

132. Si l'absent reparait, ou si son existence est prouvée, même après l'envoi définitif, il recouvrera ses biens dans l'état où ils se trouveront, le prix de ceux qui auraient été aliénés, ou les biens provenant de l'emploi qui aurait été fait du prix de ses biens vendus.

133. Les enfans et descendans directs de l'absent pourront également, dans les trente ans, à compter de l'envoi définitif, demander la restitution de ses biens, comme il est dit en l'article précédent.

134. Après le jugement de déclaration d'absence, toute personne qui aurait des droits à exercer contre l'absent, ne pourra les poursuivre

que contre ceux qui auront été envoyés en possession des biens, ou qui en auront l'administration légale.

SECTION II.

Des Effets de l'Absence, relativement aux Droits éventuels qui peuvent compéter à l'absent.

135. Quiconque réclamera un droit échu à un individu dont l'existence ne sera pas reconnue, devra prouver que ledit individu existait quand le droit a été ouvert : jusqu'à cette preuve il sera déclaré non recevable dans sa demande.

136. S'il s'ouvre une succession à laquelle soit appelé un individu dont l'existence n'est pas reconnue, elle sera dévolue exclusivement à ceux avec lesquels il aurait eu le droit de concourir, ou à ceux qui l'auraient recueillie à son défaut.

137. Les dispositions des deux articles précédens auront lieu sans préjudice des actions en pétition d'hérédité et d'autres droits, lesquels compéteront à l'absent ou à ses représentans et ayant-cause, et ne s'éteindront que par le laps de temps établi pour la prescription.

138. Tant que l'absent ne se représentera pas, ou que les actions ne seront point exercées de son chef, ceux qui auront recueilli la succession gagneront les fruits par eux perçus de bonne foi.

SECTION III.

Des Effets de l'Absence, relativement au Mariage.

139. L'époux absent, dont le conjoint a contracté une nouvelle union, sera seul recevable à attaquer ce mariage par lui-même, ou par son fondé de pouvoir, muni de la preuve de son existence.

140. Si l'époux absent n'a point laissé de parens habiles à lui succéder, l'autre époux pourra demander l'envoi en possession provisoire des biens.

CHAPITRE IV.

De la Surveillance des Enfans mineurs du Père qui a disparu.

141. Si le père a disparu laissant des enfans mineurs issus d'un commun mariage, la mère en aura la surveillance, et elle exercera tous les droits du mari, quant à leur éducation et à l'administration de leurs biens.

142. Six mois après la disparition du père, si la mère était décédée lors de cette disparition, ou si elle vient à décéder avant que l'absence du père ait été déclarée, la surveillance des enfans sera déférée, par le conseil de famille, aux ascendans les plus proches, et, à leur défaut, à un tuteur provisoire.

143. Il en sera de même dans le cas où l'un des époux qui aura disparu, laissera des enfans mineurs, issus d'un mariage précédent.

Loi du 26 vent. an 11, promulguée à Paris le 6 germ.

TITRE V.

Du Mariage.

CHAPITRE PREMIER.

Des Qualités et Conditions requises pour pouvoir contracter Mariage.

144. L'HOMME avant dix-huit ans révolus, la femme avant quinze ans révolus, ne peuvent contracter mariage.

145. Le gouvernement pourra néanmoins, pour des motifs graves, accorder des dispenses d'âge.

146. Il n'y a point de mariage lorsqu'il n'y a point de consentement.

147. On ne peut contracter un second mariage avant la dissolution du premier.

148. Le fils qui n'a pas atteint l'âge de vingt-cinq ans accomplis, la fille qui n'a pas atteint l'âge de vingt-un ans accomplis, ne peuvent contracter mariage sans le consentement de leurs père et mère : en cas de dissentiment, le consentement du père suffit.

149. Si l'un des deux est mort, ou s'il est

dans l'impossibilité de manifester sa volonté, le consentement de l'autre suffit.

150. Si le père et la mère sont morts, ou s'ils sont dans l'impossibilité de manifester leur volonté, les aïeuls et aïeules les remplacent : s'il y a dissentiment entre l'aïeul et l'aïeule de la même ligne, il suffit du consentement de l'aïeul.

S'il y a dissentiment entre les deux lignes, ce partage emportera consentement.

151. Les enfans de famille, ayant atteint la majorité fixée par l'article 148, sont tenus, avant de contracter mariage, de demander, par un acte respectueux et formel, le conseil de leur père et de leur mère, ou celui de leurs aïeuls et aïeules, lorsque leur père et leur mère sont décédés ou dans l'impossibilité de manifester leur volonté.

152. Les dispositions contenues aux articles 147, 148, 149, et la disposition de l'article 151, relative à l'acte respectueux qui doit être fait aux père et mère dans le cas prévu par cet article, sont applicables aux enfans naturels légalement reconnus.

153. L'enfant naturel qui n'a point été reconnu, et celui qui, après l'avoir été, a perdu ses père et mère, ou dont les père et mère ne peuvent manifester leur volonté, ne pourra,

avant l'âge de vingt-un ans révolus, se marier qu'après avoir obtenu le consentement du tuteur *ad hoc* qui lui sera nommé.

154. S'il n'y a ni père ni mère, ni aïeuls ni aïeules, ou s'ils se trouvent tous dans l'impossibilité de manifester leur volonté, les fils ou filles mineurs de vingt-un ans ne peuvent contracter mariage sans le consentement du conseil de famille.

155. En ligne directe, le mariage est prohibé entre tous les ascendans légitimes ou naturels, et les alliés dans la même ligne.

156. En ligne collatérale, le mariage est prohibé entre le frère et la sœur légitimes ou naturels, et les alliés au même degré.

157. Le mariage est encore prohibé entre l'oncle et la nièce, la tante et le neveu.

158. Néanmoins, le gouvernement pourra, pour des causes graves, lever les prohibitions portées aux précédens articles.

CHAPITRE II.

Des Formalités relatives à la Célébration du Mariage.

159. Le mariage sera célébré publiquement, devant l'officier civil du domicile de l'une des deux parties.

160. Les deux publications ordonnées par
l'art. 63, chap. 3, du titre *des Actes de l'État civil*,
seront faites à la municipalité du lieu où chacune
des parties contractantes aura son domicile.

161. Néanmoins, si le domicile actuel n'est
établi que par six mois de résidence, les publications seront faites en outre à la municipalité
du dernier domicile.

162. Si les parties contractantes, ou l'une
d'elles, sont, relativement au mariage, sous la
puissance d'autrui, les publications seront encore
faites à la municipalité du domicile de ceux
sous la puissance desquels elles se trouvent.

163. Le gouvernement ou ceux qu'il préposera
à cet effet, pourront, pour des causes graves,
dispenser de la seconde publication.

164. Le mariage contracté en pays étranger
entre Français, et entre Français et étranger,
sera valable, s'il a été célébré dans les formes
usitées dans le pays, pourvu qu'il ait été précédé
des publications prescrites par l'article 63, chap.
3, du titre *des Actes de l'état civil*, et que le
Français n'ait point contrevenu aux dispositions
contenues au chapitre précédent.

165. Dans les trois mois après le retour du
Français sur le territoire de la république, l'acte
de célébration du mariage contracté en pays

étranger, sera transcrit sur le registre public des mariages du lieu de son domicile.

CHAPITRE III.

Des Oppositions au Mariage.

166. Le droit de former opposition à la célébration du mariage, appartient à la personne engagée par mariage avec l'une des deux parties contractantes.

167. Le père, et, à défaut du père, la mère, et, à défaut de père et mère, les aïeuls et aïeules, peuvent former opposition au mariage de leurs enfans et descendans, encore que ceux-ci aient vingt-cinq ans accomplis.

168. A défaut d'aucun ascendant, le frère ou la sœur, l'oncle ou la tante, le cousin ou la cousine germains, majeurs, ne peuvent former aucune opposition que dans les deux cas suivans :

1º. Lorque le consentement du conseil de famille, requis par l'article 154, n'a pas été obtenu ;

2º. Lorsque l'opposition est fondée sur l'état de démence du futur époux ; et cette opposition, dont le tribunal pourra prononcer main-levée pure et simple, ne sera jamais reçue qu'à la charge, par l'opposant, de provoquer l'interdiction, et d'y faire statuer dans le délai qui sera fixé par le jugement.

189. Dans les deux cas prévus par le précédent article, le tuteur ou curateur ne pourra, pendant la durée de la tutelle ou curatelle, former opposition, qu'autant qu'il y aura été autorisé par un conseil de famille, qu'il pourra convoquer.

170. Tout acte d'opposition énoncera la qualité qui donne à l'opposant le droit de la former; il contiendra élection de domicile dans le lieu où le mariage devra être célébré; il devra également, à moins qu'il ne soit fait à la requête d'un ascendant, contenir les motifs de l'opposition : le tout à peine de nullité, et de l'interdiction de l'officier ministériel qui aurait signé l'acte contenant opposition.

171. Le tribunal de première instance prononcera, dans les dix jours, sur la demande en main-levée.

172. S'il y a appel, il y sera statué dans les dix jours de la citation.

173. Si l'opposition est rejetée, les opposans, autres néanmoins que les ascendans, pourront être condamnés à des dommages-intérêts.

CHAPITRE IV.

Des Demandes en nullité de Mariage.

174. Le mariage qui a été contracté sans le consentement libre des deux époux, ou de l'un

d'eux, ne peut être attaqué que par les époux ou par celui des deux dont le consentement n'a pas été libre.

Lorsqu'il y a eu erreur dans la personne, le mariage ne peut être attaqué que par celui des deux époux qui a été induit en erreur.

175. Dans le cas de l'article précédent, la demande en nullité n'est plus recevable toutes les fois qu'il y a eu cohabitation continuée pendant six mois depuis que l'époux a acquis sa pleine liberté ou que l'erreur a été par lui reconnue.

176. Le mariage contracté sans le consentement des père et mère, des ascendans ou du conseil de famille, dans les cas où ce consentement était nécessaire, ne peut être attaqué que par ceux dont le consentement était requis, ou par celui des deux époux qui avait besoin de ce consentement.

177. L'action en nullité ne peut plus être intentée, ni par les époux ni par les parens dont le consentement était requis, toutes les fois que le mariage a été approuvé expressément ou tacitement par ceux dont le consentement était nécessaire, ou lorsqu'il s'est écoulé une année sans réclamation de leur part, depuis qu'ils ont eu connaissance du mariage. Elle ne peut être intentée non plus par l'époux lorsqu'il s'est

écoulé une année sans réclamation de sa part,
depuis qu'il a atteint l'âge compétent pour consentir par lui-même au mariage.

178. Tout mariage contracté en contravention
aux dispositions contenues aux articles 144,
147, 155, 156 et 157, peut être attaqué, soit
par les époux eux-mêmes, soit par tous ceux
qui y ont intérêt, soit par le ministère public.

179. Néanmoins, le mariage contracté par des
époux qui n'avaient point encore atteint l'âge
requis, ou dont l'un d'eux n'avait point atteint
cet âge, ne peut plus être attaqué, 1°. lorsqu'il
s'est écoulé six mois depuis que cet époux ou
les époux ont atteint l'âge compétent; 2°. lorsque
la femme qui n'avait point atteint cet âge, avait
conçu avant l'échéance des six mois.

180. Les père, mère, les ascendans et la
famille qui ont consenti au mariage contracté
dans le cas de l'article précédent ne sont point
recevables à en demander la nullité.

181. Dans tous les cas où, conformément à
l'article 178, l'action en nullité peut être intentée
par tous ceux qui y ont intérêt, elle ne peut
l'être par les parens collatéraux, ou par les enfans
nés d'un autre mariage, du vivant des deux
époux, mais seulement lorsqu'ils y ont un intérêt né et actuel.

182. L'époux au préjudice duquel a été contracté un second mariage, peut en demander la nullité, du vivant même de l'époux qui était engagé avec lui.

183. Si les nouveaux époux opposent la nullité du premier mariage, la validité ou nullité de ce mariage doit être jugée préalablement.

184. Le commissaire du gouvernement, dans tous les cas auxquels s'applique l'article 178 du présent titre, et sous les modifications portées en l'article 179, peut et doit demander la nullité du mariage, du vivant des deux époux, et les faire condamner à se séparer.

185. Tout mariage qui n'a point été contracté publiquement, et qui n'a point été célébré devant l'officier public compétent, peut être attaqué par les époux eux-mêmes, par les père et mère, par les ascendans, et par tous ceux qui y ont un intérêt né et actuel, ainsi que par le ministère public.

186. Si le mariage n'a pas été précédé des deux publications requises, ou s'il n'a pas été obtenu des dispenses permises par la loi, ou si les intervalles prescrits dans les publications et célébrations n'ont point été observés, le commissaire fera prononcer contre l'officier public une amende qui ne pourra excéder trois cents

fr., ou contre les parties contractantes, et ceux sous la puissance desquels elles ont agi, une amende proportionnée à leur fortune.

187. Les mêmes peines prononcées par l'article précédent, seront encourues par les personnes qui y sont désignées, pour toute contravention aux règles prescrites par l'article 159 , lors même que ces contraventions ne seraient pas jugées suffisantes pour faire prononcer la nullité du mariage.

188. Nul ne peut réclamer le titre d'époux et les effets civils du mariage s'il ne représente un acte de célébration inscrit sur le registre de l'état civil, sauf les cas prévus par l'article 46 , titre *des Actes de l'état civil*.

189. La possession d'état ne pourra dispenser les prétendus époux qui l'invoqueront respectivement, de représenter l'acte de célébration du mariage devant l'officier de l'état civil.

190. Lorsqu'il y a possession d'état et que l'acte de célébration du mariage devant l'officier de l'état civil est représenté , les époux sont respectivement non recevables à demander la nullité de cet acte.

191. Si néanmoins, dans les cas des articles 188 et 189 , il existe des enfans issus de deux individus qui ont vécu publiquement comme

mari et femme, et qui soient tous deux décédés, la légitimité des enfans ne peut être contestée sous le seul prétexte du défaut de représentation de l'acte de célébration, toutes les fois que cette légitimité est prouvée par une possession d'état qui n'est point contredite par l'acte de naissance.

192. Lorsque la preuve d'une célébration légale du mariage se trouve acquise par le résultat d'une procédure criminelle, l'inscription du jugement sur les registres de l'état civil, assure au mariage, à compter du jour de sa célébration, tous les effets civils, tant à l'égard des époux, qu'à l'egard des enfans issus de ce mariage.

193. Si les époux ou l'un d'eux sont décédés sans avoir découvert la fraude, l'action criminelle peut être intentée par tous ceux qui ont intérêt de faire déclarer le mariage valable, et par le commissaire du Gouvernement.

194. Si l'officier public est décédé lors de la découverte de la fraude, l'action sera dirigée au civil contre ses héritiers par le commissaire du gouvernement, en présence des parties intéressées et sur leur dénonciation.

195. Le mariage qui a été déclaré nul, produit néanmoins les effets civils, tant à l'égard des

époux qu'à l'égard des enfans, lorqu'il a été contracté de bonne foi.

196. Si la bonne foi n'existe que de la part de l'un des deux époux, le mariage ne produit les effets civils qu'en faveur de cet époux, et des enfans issus du mariage.

CHAPITRE. V.

Des Obligations qui naissent du Mariage.

197. Les époux contractent ensemble, par le fait seul du mariage, l'obligation de nourrir, entretenir et élever leurs enfans.

198. L'enfant n'a pas d'action contre ses père et mère, pour un établissement par mariage ou autrement.

199. Les enfans doivent des alimens à leurs père et mère, et autres ascendans qui sont dans le besoin.

200. Les gendres et belles-filles doivent également, et dans les mêmes circonstances, des alimens à leurs beau-père et belle-mère ; mais cette obligation cesse, 1º. lorsque la belle-mère a convolé en secondes noces, 2º. lorsque celui des époux qui produisait l'affinité, et les enfans de son union avec l'autre époux, sont décédés.

201. Les obligations résultantes de ces dispositions sont réciproques.

202. Les alimens ne sont accordés que dans la proportion du besoin de celui qui les réclame, et de la fortune de celui qui les doit.

203. Lorsque celui qui fournit ou celui qui reçoit des alimens est replacé dans un état tel, que l'un ne puisse plus en donner, ou que l'autre n'en ait plus besoin en tout ou en partie, la décharge ou réduction peut en être demandée.

204. Si la personne qui doit fournir les alimens justifie qu'elle ne peut payer la pension alimentaire, le tribunal pourra, en connaissance de cause, ordonner qu'elle recevra dans sa demeure, qu'elle nourrira et entretiendra celui auquel elle devra des alimens.

205. Le tribunal prononcera également si le père ou la mère qui offrira de recevoir, nourrir et entretenir dans sa demeure, l'enfant à qui il devra des alimens, devra dans ce cas être dispensé de payer la pension alimentaire.

CHAPITRE VI.

Des Droits et des Devoirs respectifs des Epoux.

206. Les époux se doivent mutuellement fidélité, secours, assistance.

207. Le mari doit protection à sa femme, la femme obéissance à son mari.

208. La femme est obligée d'habiter avec le

mari, et de le suivre par-tout où il juge à
propos de résider ; le mari est obligé de la
recevoir et de lui fournir tout ce qui est nécessaire pour les besoins de la vie, selon ses
facultés et son état.

209. La femme ne peut ester en jugement
sans l'autorisation de son mari, quand même
elle serait marchande publique , ou non commune, ou séparée de biens.

210. L'autorisation du mari n'est pas nécessaire lorsque la femme est poursuivie en matière
criminelle ou de police.

211. La femme , même non commune ou
séparée de biens, ne peut donner, aliéner,
hypothéquer, acquérir à titre gratuit ou onéreux , sans le concours du mari dans l'acte , ou
son consentement par écrit.

212. Si le mari refuse d'autoriser sa femme à
ester en jugement, le juge peut donner l'autorisation.

213. Si le mari refuse d'autoriser sa femme à
passer un acte, la femme peut faire citer son
mari directement devant le tribunal de première instance de l'arrondissement du domicile
commun, qui peut donner ou refuser son autorisation , après que le mari aura été entendu,
ou dûment appelé en la chambre du conseil.

214. La femme, si elle est marchande publique, peut, sans l'autorisation de son mari,
s'obliger pour ce qui concerne son négoce; et,
audit cas, elle oblige aussi son mari, s'il y a
communauté entre eux.

Elle n'est pas réputée marchande publique,
si elle ne fait que détailler les marchandises du
commerce de son mari, mais seulement quand
elle fait un commerce séparé.

215. Lorsque le mari est frappé d'une condamnation emportant peine afflictive ou infamante, encore qu'elle n'ait été prononcée que
par contumace, la femme, même majeure, ne
peut, pendant la durée de la peine, ester en
jugement ni contracter, qu'après s'y être fait
autoriser par le juge, qui peut, en ce cas,
donner l'autorisation, sans que le mari ait été
entendu ou appelé.

216. Si le mari est interdit ou absent, le juge
peut, en connaissance de cause, autoriser la
femme, soit pour ester en jugement, soit pour
contracter.

217. Toute autorisation générale, même
stipulée par contrat de mariage, n'est valable
que quant à l'administration des biens de la
femme.

218. Si le mari est mineur, l'autorisation du

Juge est nécessaire à la femme, soit pour ester en jugement, soit pour contracter.

a19. La nullité fondée sur défaut d'autori‑ sation, ne peut être opposée que par la femme, par le mari, ou par leurs héritiers.

a2o. La femme peut tester sans l'autorisa‑ tion de son mari.

CHAPITRE VII.

Dissolution du Mariage.

a2i. Le mariage se dissout,

1°. Par la mort de l'un des époux;

2°. Par le divorce légalement prononcé;

3°. Par la condamnation devenue définitive de l'un des époux, emportant mort civile.

CHAPITRE VIII.

Des seconds Mariages.

a2a. La femme ne peut contracter un nouveau mariage qu'après dix mois révolus depuis la dissolution du mariage précédent.

Loi du 30 vent. an 11, promulguée à Paris le 10 germ.

TITRE VI.
Du Divorce.
CHAPITRE PREMIER,
Des Causes du Divorce.

223. L E mari pourra demander le divorce pour cause d'adultère de sa femme.

224 La femme pourra demander le divorce pour cause d'adultère de son mari, lorsqu'il aura tenu sa concubine dans la maison commune.

225. Les époux pourront réciproquement demander le divorce pour excès, sévices ou injures graves de l'un d'eux envers l'autre.

226. La condamnation de l'un des époux à une peine infamante, sera pour l'autre époux une cause de divorce.

227. Le consentement mutuel et persévérant des époux, exprimé de la manière prescrite par la loi, sous les conditions et après les épreuves qu'elle détermine, prouvera suffisamment que la vie commune leur est insupportable, et qu'il existe, par rapport à eux, une cause péremptoire de divorce.

TITRE VI.

CHAPITRE II.

Du Divorce pour Cause déterminée.

SECTION PREMIÈRE.

Des formes du Divorce pour Cause déterminée.

228. Quelle que soit la nature des faits ou des délits qui donneront lieu à la demande en divorce pour cause déterminée, cette demande ne pourra être formée qu'au tribunal de l'arrondissement dans lequel les époux auront leur domicile.

229. Si quelques-uns des faits allégués par l'époux demandeur, donnent lieu à une poursuite criminelle de la part du ministère public, l'action en divorce restera suspendue jusqu'après le jugement du tribunal criminel ; alors elle pourra être reprise, sans qu'il soit permis d'inférer du jugement criminel aucune fin de non-recevoir ou exception préjudicielle contre l'époux demandeur.

230. Toute demande en divorce détaillera les faits ; elle sera remise, avec les pièces à l'appui, s'il y en a, au président du tribunal ou au juge qui en fera les fonctions, par l'époux demandeur en personne, à moins qu'il n'en soit empêché par maladie ; auquel cas, sur sa ré-

quisition et le certificat de deux docteurs en médecine ou en chirurgie, ou de deux officiers de santé, le magistrat se transportera au domicile du demandeur pour y recevoir sa demande,

231. Le juge, après avoir entendu le demandeur, et lui avoir fait les observations qu'il croira convenables, paraphera la demande et les pièces, et dressera procès-verbal de la remise du tout en ses mains. Ce procès-verbal sera signé par le juge, et par le demandeur, à moins que celui-ci ne sache ou ne puisse signer; auquel cas il en sera fait mention.

232. Le juge ordonnera, au bas de son procès-verbal, que les parties comparaîtront en personne devant lui, au jour et à l'heure qu'il indiquera; et qu'à cet effet, copie de son ordonnance sera par lui adressée à la partie contre laquelle le divorce est demandé.

233. Au jour indiqué, le juge fera aux deux époux, s'ils se présentent, ou au demandeur, s'il est seul comparant, les représentations qu'il croira propres à opérer un rapprochement : s'il ne peut y parvenir, il en dressera procès-verbal, et ordonnera la communication de la demande et des pièces au commissaire du gouvernement, et le référé du tout au tribunal.

234. Dans les trois jours qui suivront, le tri-

bunal , sur le rapport du président ou du juge
qui en aura fait les fonctions , et sur les conclusions du commissaire du gouvernement , accordera ou suspendra la permission de citer. La
suspension ne pourra excéder le terme de vingt
jours.

235. Le demandeur, en vertu de la permission du tribunal, fera citer le défendeur , dans
la forme ordinaire , à comparaître en personne
à l'audience, à huis clos , dans le délai de la
loi ; il fera donner copie , en tête de la citation,
de la demande en divorce et des pièces produites
à l'appui.

236. A l'échéance du délai , soit que le défendeur comparaisse ou non , le demandeur
en personne , assisté d'un conseil s'il le juge à
propos , exposera ou fera exposer les motifs de
sa demande ; il représentera les pièces qui l'ap-
puient, et nommera les témoins qu'il se propose
de faire entendre.

237. Si le défendeur comparaît en personne
ou par un fondé de pouvoir , il pourra proposer ou faire proposer ses observations , tant
sur les motifs de la demande que sur les pièces
produites par le demandeur et sur les témoins
par lui nommés. Le défendeur nommera, de son
côté, les témoins qu'il se propose de faire en-

tendre, et sur lesquels le demandeur fera réciproquement ses observations.

238. Il sera dressé procès-verbal des compa-
rutions, dires et observations des parties, ainsi
que des aveux que l'une ou l'autre pourra faire.
Lecture de ce procès-verbal sera donnée auxdites
parties, qui seront requises de le signer ; et il
sera fait mention expresse de leur signature, ou
de leur déclaration de ne pouvoir ou ne vou-
loir signer.

239. Le tribunal renverra les parties à l'audience publique, dont il fixera le jour et l'heure;
il ordonnera la communication de la procédure
au commissaire du Gouvernement, et commettra
un rapporteur. Dans le cas où le défendeur
n'aurait pas comparu, le demandeur sera tenu
de lui faire signifier l'ordonnance du tribunal,
dans le délai qu'elle aura déterminé.

240. Au jour et à l'heure indiqués, sur le
rapport du juge commis, le commissaire du
Gouvernement entendu, le tribunal statuera
d'abord sur les fins de non-recevoir, s'il en a
été proposé. En cas qu'elles soient trouvées
concluantes, la demande en divorce sera rejetée;
dans le cas contraire, ou s'il n'a pas été proposé
de fins de non-recevoir, la demande en divorce
sera admise.

241. Immédiatement après l'admission de la demande en divorce, sur le rapport du juge commis, le commissaire du Gouvernement entendu, le tribunal statuera au fond. Il fera droit à la demande, si elle lui paraît en état d'être jugée; sinon, il admettra le demandeur à la preuve des faits pertinens par lui allégués, et le défendeur à la preuve contraire. .

242. A chaque acte de la cause, les parties pourront, après le rapport du juge, et avant que le commissaire du Gouvernement ait pris la parole, proposer ou faire proposer leurs moyens respectifs, d'abord sur les fins de non-recevoir, et ensuite sur le fond; mais en aucun cas le conseil du demandeur ne sera admis, si le demandeur n'est pas comparant en personne.

243. Aussitôt après la prononciation du jugement qui ordonnera les enquêtes, le greffier du tribunal donnera lecture de la partie du procès-verbal qui contient la nomination déja faite des témoins que les parties se proposent de faire entendre. Elles seront averties par le président, qu'elles peuvent encore en désigner d'autres, mais qu'après ce moment elles n'y seront plus reçues.

244. Les parties proposeront de suite leurs reproches respectifs contre les témoins qu'elles

voudront écarter. Le tribunal statuera sur ces reproches, après avoir entendu le commissaire du Gouvernement.

245. Les parens des parties, à l'exception de leurs enfans et descendans, ne sont pas reprochables du chef de la parenté, non plus que les domestiques des époux, en raison de cette qualité ; mais le tribunal aura tel égard que de raison aux dépositions des parens et des domestiques.

246. Tout jugement qui admettra une preuve testimoniale, dénommera les témoins qui seront entendus, et déterminera le jour et l'heure auxquels les parties devront les présenter.

247. Les dépositions des témoins seront reçues par le tribunal séant à huis clos, en présence du commissaire du Gouvernement, des parties, et de leurs conseils ou amis, jusqu'au nombre de trois de chaque côté.

248. Les parties, par elles ou par leurs conseils, pourront faire aux témoins telles observations et interpellations qu'elles jugeront à propos, sans pouvoir néanmoins les interrompre dans le cours de leurs dépositions.

249. Chaque déposition sera rédigée par écrit, ainsi que les dires et observations auxquels elle aura donné lieu. Le procès-verbal d'enquête

sera lu taut aux témoins qu'aux parties : les uns et les autres seront requis de le signer ; et il sera fait mention de leur signature , ou de leur déclaration qu'ils ne peuvent ou ne veulent signer.

250. Après la clôture des deux enquêtes, ou de celle du demandeur, si le défendeur n'a pas produit de témoins, le tribunal renverra les parties à l'audience publique, dont il indiquera le jour et l'heure ; il ordonnera la communication de la procédure au commissaire du Gouvernement, et commettra un rapporteur. Cette ordonnance sera signifiée au défendeur, à la requête du demandeur, dans le délai qu'elle aura déterminé.

251. Au jour fixé pour le jugement définitif, le rapport sera fait par le juge commis : les parties pourront ensuite faire , par ellesmêmes ou par l'organe de leurs conseils , telles observations qu'elles jugeront utiles à leur cause; après quoi le commissaire du Gouvernement donnera ses conclusions.

252. Le jugement définitif sera prononcé publiquement : lorsqu'il admettra le divorce , le demandeur sera autorisé à se retirer devant l'officier de l'état civil pour le faire prononcer.

253. Lorsque la demande en divorce aura été

formée pour cause d'excès, de sévices ou d'injures graves, encore qu'elle soit bien établie, les juges pourront ne pas admettre immédiatement le divorce ; et alors, avant de faire droit, ils autoriseront la femme à quitter la compagnie de son mari, sans être tenue de le recevoir, si elle ne le juge à propos; et ils condamneront le mari à lui payer une pension alimentaire proportionnée à ses facultés, si la femme n'a pas elle-même des revenus suffisans pour fournir à ses besoins.

254. Après une année d'épreuve, si les parties ne se sont pas réunies, l'époux demandeur pourra faire citer l'autre époux à comparaître au tribunal, dans les délais de la loi, pour y entendre prononcer le jugement définitif, qui pour lors admettra le divorce.

255. Lorsque le divorce sera demandé par la raison qu'un des époux est condamné à une peine infamante, les seules formalités à observer consisteront à présenter au tribunal civil une expédition en bonne forme du jugement de condamnation, avec un certificat du tribunal criminel, portant que ce même jugement n'est plus susceptible d'être réformé par aucune voie légale.

256. En cas d'appel du jugement d'admission

ou du jugement définitif, rendu par le tribuna
de première instance en matière de divorce, l
cause sera instruite et jugée par le tribunal
d'appel, comme affaire urgente.

257. L'appel ne sera recevable qu'autant qu'il
aura été interjeté dans les trois mois à compte
du jour de la signification du jugement rendu
contradictoirement ou par défaut. Le délai pour
se pourvoir au tribunal de cassation contre un
jugement en dernier ressort sera aussi de trois
mois, à compter de la signification. Le pourvoi
sera suspensif.

258. En vertu de tout jugement rendu en
dernier ressort ou passé en force de chose
jugée, qui autorisera le divorce, l'époux qui
l'aura obtenu, sera obligé de se présenter, dans
le délai de deux mois, devant l'officier de l'état
civil, l'autre partie dûment appelée, pour faire
prononcer le divorce.

259. Ces deux mois ne commenceront à
courir à l'égard des jugemens de première
instance, qu'après l'expiration du délai d'appel;
à l'égard des jugemens rendus par défaut en
cause d'appel, qu'après l'expiration du délai
d'opposition; et à l'égard des jugemens contradictoires en dernier ressort, qu'après l'expiration
du délai du pourvoi en cassation.

260. L'époux demandeur qui aura laissé passer le délai de deux mois ci-dessus déterminé sans appeler l'autre époux devant l'officier de l'état civil, sera déchu du bénéfice du jugement qu'il avait obtenu, et ne pourra reprendre son action en divorce, sinon pour cause nouvelle, auquel cas il pourra néanmoins faire valoir les anciennes.

SECTION II.

Des Mesures provisoires auxquelles peut donner lieu la Demande en Divorce pour Cause déterminée.

261. L'administration provisoire des enfans restera au mari demandeur ou défendeur en divorce, à moins qu'il n'en soit autrement ordonné par le tribunal, sur la demande soit de la mère, soit de la famille, ou du commissaire du Gouvernement, pour le plus grand avantage des enfans.

262. La femme demanderesse ou défenderesse en divorce, pourra quitter le domicile du mari pendant la poursuite, et demander une pension alimentaire proportionnée aux facultés du mari. Le tribunal indiquera la maison dans laquelle la femme sera tenue de résider, et fixera, s'il y a lieu, la provision

alimentaire que le mari sera obligé de lui payer.

263. La femme sera tenue de justifier de sa résidence dans la maison indiquée, toute les fois qu'elle en sera requise; à défaut de cette justification, le mari pourra refuser la provision alimentaire, et, si la femme est demanderesse en divorce, la faire déclarer non-recevable à continuer ses poursuites.

264. La femme commune en biens, demanderesse ou défenderesse en divorce, pourra, en tout état de cause, à partir de la date de l'ordonnance dont il est fait mention en l'article 232, requérir, pour la conservation de ses droits, l'apposition des scellés sur les effets mobiliers de la communauté. Ces scellés ne seront levés qu'en fesant inventaire avec prisée, et à la charge par le mari de représenter les choses inventoriées, ou de répondre de leur valeur comme gardien judiciaire.

265. Toute obligation contractée par le mari à la charge de la communauté, toute aliénation par lui faite des immeubles qui en dépendent, postérieurement à la date de l'ordonnance dont il est fait mention en l'article 232, sera déclarée nulle, s'il est prouvé d'ailleurs qu'elle ait été faite ou contractée en fraude des droits de la femme.

SECTION III.

Des Fins de non-recevoir contre l'action en Divorce pour Cause déterminée.

166. L'action en divorce sera éteinte par la réconciliation des époux, survenue, soit depuis les faits qui auraient pu autoriser cette action, soit depuis la demande en divorce.

167. Dans l'un et l'autre cas, le demandeur sera déclaré non - recevable dans son action ; il pourra néanmoins en intenter une nouvelle pour cause survenue depuis la réconciliation, et alors faire usage des anciennes causes pour appuyer sa nouvelle demande.

168. Si le demandeur en divorce nie qu'il y ait eu réconciliation, le défendeur en fera preuve, soit par écrit, soit par témoins, dans la forme prescrite en la première section du présent chapitre.

CHAPITRE III.

Du Divorce par Consentement mutuel.

169. Le consentement mutuel des époux ne sera point admis, si le mari a moins de vingt-cinq ans, ou si la femme est mineure de vingt-un ans.

170. Le consentement mutuel ne sera admis qu'après deux ans de mariage.

271. Il ne pourra plus l'être après vingt ans de mariage, ni lorsque la femme aura quarante-cinq ans.

272. Dans aucun cas le consentement mutuel des époux ne suffira, s'il n'est autorisé par leurs pères et mères, ou par leurs autres ascendans vivans, suivant les règles prescrites par l'art. 150, chapitre premier du titre *du Mariage.*

273. Les époux déterminés à opérer le divorce par consentement mutuel, seront tenus de faire préalablement inventaire et estimation de tous leurs biens meubles et immeubles, et de régler leurs droits respectifs, sur lesquels il leur sera néanmoins libre de transiger.

274. Ils seront pareillement tenus de constater par écrit leur convention sur les trois points qui suivent:

1°. A qui les enfans nés de leur union seront confiés, soit pendant le temps des épreuves, soit après le divorce prononcé;

2°. Dans quelle maison la femme devra se retirer et résider pendant le temps des épreuves;

3°. Quelle somme le mari devra payer à sa femme pendant le même temps, si elle n'a pas des revenus suffisans pour fournir à ses besoins.

275. Les époux se présenteront ensemble, et en personne, devant le président du tribunal

civil de leur arrondissement, ou devant le juge
qui en fera la fonction, et lui feront la déclaration de leur volonté, eu présence de deux
notaires amenés par eux.

276. Le juge fera aux deux époux réunis,
et à chacun d'eux en particulier, en p ésence
des deux notaires, telles représentations et ex-
hortations qu'il croira convenables ; il leur
donnera lecture du chapitre IV du présent
titre, qui règle *les Effets du Divorce*, et leur
développera toutes les conséquences de leur
démarche.

277. Si les époux persistent dans leur réso-
lution, il leur sera donné acte, par le juge, de
ce qu'ils demandent et consentent mutuellement
au divorce ; et ils seront tenus de produire et
déposer à l'instant, entre les mains des notaires, outre les actes mentionnés aux articles 273 et 274,

1°. Les actes de leur naissance, et celui de
leur mariage ;

2°. Les actes de naissance et de décès de
tous les enfans nés de leur union ;

3°. La déclaration authentique de leurs père
et mère ou autres ascendans vivans, portant
que, pour les causes à eux connues, ils auto-
risent tel ou telle, leur fils *ou* fille, petit-fils
ou petite-fille, marié *ou* mariée à tel ou telle,

à demander le divorce et à y consentir. Lés pères, mères, aïeuls et aïeules des époux seront présumés vivans jusqu'à la représentation des actes constatant leur décès.

278. Les notaires dresseront procès-verval dé-taillé de tout ce qui aura été dit et fait en exécution des articles précédens; la minute en restera au plus âgé des deux notaires, ainsi que les pièces produites , qui demeureront annexées au procès-verbal, dans lequel il sera fait mention de l'avertissement qui sera donné à la femme de se retirer, dans les vingt-quatre heures, dans la maison convenue entre elle et son mari, et d'y résider jusqu'au divorce pro-noncé.

279. La déclaration ainsi faite sera renouvelée dans la première quinzaine de chacun des qua-trième, septième et dixième mois qui suivront, en observant les mêmes formalités. Les parties seront obligées à rapporter chaque fois la preuve, par acte public, que leurs pères, mères, ou autres ascendans vivans , persistent dans leur première détermination ; mais elles ne seront tenues à répéter la production d'aucun autre acte.

280. Dans la quinzaine du jour où sera révolue l'année , à compter de la première déclaration, les époux, assistés chacun de deux

amis, personnes notables dans l'arrondissement, âgés de cinquante ans au moins, se présenteront ensemble et en personne devant le président du tribunal ou le juge qui en fera les fonctions; ils lui remettront les expéditions, en bonne forme, des quatre procès-verbaux contenant leur consentement mutuel, et de tous les actes qui y auront été annexés, et requerront du magistrat, chacun séparément, en présence néaumoins l'un de l'autre et des quatre notables, l'admission du divorce.

281. Après que le juge et les assistans auront fait leurs observations aux époux, s'ils persévèrent, il leur sera donné acte de leur réquisition, et de la remise par eux faite des pièces à l'appui : le greffier du tribunal dressera procès-verbal, qui sera signé, tant par les parties (à moins qu'elles ne déclarent ne savoir ou ne pouvoir signer, auquel cas il en sera fait mention), que par les quatre assistans, le juge et le greffier.

282. Le juge mettra de suite, au bas de ce procès-verbal, son ordonnance portant que, dans les trois jours, il sera par lui référé du tout au tribunal, en la chambre du conseil, sur les conclusions par écrit du commissaire du Gouvernement, auquel les pièces seront à cet effet communiquées par le greffier.

283. Si le commissaire du gouvernement trouve dans les pièces la preuve que les deux époux étaient âgés, le mari de vingt-cinq ans, la femme de vingt-un ans, lorsqu'ils ont fait leur première déclaration ; qu'à cette époque ils étaient mariés depuis deux ans ; que le mariage ne remontait pas à plus de vingt, que la femme avait moins de quarante-cinq ans, que le consentement mutuel a été exprimé quatre fois dans le cours de l'année , après les préalables ci-dessus prescrits et avec toutes les formalités requises par le présent chapitre , notamment avec l'autorisation des pères et mères des époux , ou avec celle de leurs autres ascendans vivans en cas de prédécès des pères et mères , il donnera ses conclusions en ces termes, *La loi permet* ; dans le cas contraire , ses conclusions seront en ces termes, *La loi empêche*.

284. Le tribunal, sur le référé, ne pourra faire d'autres vérifications que celles indiquées par l'article précédent. S'il en résulte que, dans l'opinion du tribunal, les parties ont satisfait aux conditions et rempli les formalités déterminées par la loi , il admettra le divorce, et renverra les parties devant l'officier de l'état civil , pour le faire prononcer ; dans le cas contraire, le tribunal déclarera qu'il n'y a pas lieu à admettre le divorce, et déduira les motifs de sa décision.

285. L'appel du jugement qui aurait déclaré ne pas y avoir lieu à admettre le divorce, ne sera recevable qu'autant qu'il sera interjeté par les deux parties, et néanmoins par actes séparés, dans les dix jours au plutôt, et au plutard dans les vingt jours de la date du jugement de première instance.

286. Les actes d'appel seront réciproquement signifiés tant à l'autre époux qu'au commissaire du Gouvernement près du tribunal de première instance.

287 Dans les dix jours à compter de la signification qui lui aura été faite du second acte d'appel, le commissaire du gouvernement près du tribunal de première instance fera passer au commissaire du Gouvernement près du tribunal d'appel, l'expédition du jugement, et les pièces sur lesquelles il est intervenu. Le commissaire près du tribunal d'appel donnera ses conclusions par écrit, dans les dix jours qui suivront la réception des pièces ; le président, ou le juge qui le suppléera, fera son rapport au tribunal d'appel, en la chambre du conseil, et il sera statué définitivement dans les dix jours qui suivront la remise des conclusions du commissaire.

288. En vertu du jugement qui admettra le divorce, et dans les vingt jours de sa date, les parties se présenteront ensemble et en personne

devant l'officier de l'état civil, pour faire prononcer le divorce. Ce délai passé, le jugement
demeurera comme non-avenu.

C H A P I T R E I V.

Des Effets du Divorce.

289. Les époux qui divorceront, pour quelque
cause que ce soit, ne pourront plus se réunir.

290. Dans le cas de divorce prononcé pour
cause déterminée, la femme divorcée ne pourra
se remarier que dix mois après le divorce prononcé.

291. Dans le cas de divorce par consentement mutuel, aucun des deux époux ne
pourra contracter un nouveau mariage que
trois ans après la prononciation du divorce.

292. Dans le cas de divorce admis en justice
pour cause d'adultère, l'époux coupable ne
pourra jamais se marier avec son complice. La
femme adultère sera condamnée par le même
jugement et sur la réquisition du ministère
public, à la réclusion dans une maison de
correction, pour un temps déterminé, qui ne
pourra être moindre de trois mois, ni excéder
deux années.

293. Pour quelque cause que le divorce ait
lieu, hors le cas du consentement mutuel,
l'époux contre lequel le divorce aura été admis,

perdra tous les avantages que l'autre époux lui avait faits, soit par leur contrat de mariage, soit depuis le mariage contracté.

294. L'époux qui aura obtenu le divorce, conservera les avantages à lui faits par l'autre époux, encore qu'ils aient été stipulés réciproques et que la réciprocité n'ait pas lieu.

295. Si les époux ne s'étaient fait aucun avantage, ou si ceux stipulés ne paraissaient pas suffisans pour assurer la subsistance de l'époux qui a obtenu le divorce, le tribunal pourra lui accorder, sur les biens de l'autre époux, une pension alimentaire, qui ne pourra excéder le tiers des revenus de cet autre époux. Cette pension sera révocable dans le cas où elle cesserait d'être nécessaire.

296. Les enfans seront confiés à l'époux qui a obtenu le divorce, à moins que le tribunal, sur la demande de la famille, ou du commissaire du gouvernement, n'ordonne, pour le plus grand avantage des enfans, que tous ou quelques-uns d'eux seront confiés aux soins, soit de l'autre époux, soit d'une tierce personne.

297. Quelle que soit la personne à laquelle les enfans seront confiés, les père et mère conserveront respectivement le droit de surveiller l'entretien et l'éducation de leurs enfans, et seront tenus d'y contribuer à proportion de leurs facultés.

298. La dissolution du mariage par le divorce admis en justice, ne privera les enfans nés de ce mariage d'aucun des avantages qui leur étaient assurés par les lois ou par les conventions matrimoniales de leurs père et mère ; mais il n'y aura d'ouverture aux droits des enfans, que de la même manière et dans les mêmes circonstances où ils se seraient ouverts s'il n'y avait pas eu de divorce.

299. Dans le cas de divorce par consentement mutuel , la propriété de la moitié des biens de chacun des époux sera acquise de plein droit, du jour de leur première déclaration , aux enfans nés de leur mariage : les père et mère conserveront néanmoins la jouissance de cette moitié jusqu'à la majorité de leurs enfans , à la charge de pourvoir à leur nourriture , entretien et éducation, conformément à leur fortune et à leur état ; le tout , sans préjudice des autres avantages qui pourraient avoir été assurés auxdits enfans par les conventions matrimoniales de leurs père et mère.

CHAPITRE V.

De la Séparation de corps.

300. Dans le cas où il y a lieu à la demande en divorce pour cause déterminée , il sera

libre aux époux de former demande en séparation de corps.

3o1. Elle sera intentée, instruite et jugée de la même manière que tout autre action civile : elle ne pourra avoir lieu par le consentement mutuel des époux.

3o2. La femme contre laquelle la séparation de corps sera prononcée pour cause d'adultère, sera condamnée par le même jugement, et sur la réquisition du ministère public, à la réclusion dans une maison de correction pendant un temps déterminé, qui ne pourra être moindre de trois mois ni excéder deux années.

8o3. Le mari restera le maître d'arrêter l'effet de cette condamnation, en consentant à reprendre sa femme.

8o4. Lorsque la séparation de corps prononcée pour toute autre cause que l'adultère de la femme, aura duré trois ans, l'époux qui était originairement défendeur, pourra demander le divorce au tribunal, qui l'admettra, si le demandeur originaire, présent ou duement appelé, ne consent pas immédiatement à faire cesser la séparation.

3o5. La séparation de corps emportera toujours séparation de biens.

Loi relative aux Divorces prononcés ou deman-
dés avant la Publication du Titre VI du
Code civil.

**Du 26 germinal an 11 , promulguée à Saint-Cloud
le 6 floréal.**

Tous divorces prononcés par des officiers de
l'état civil , ou autorisés par je gernent avant la
publication du titre du code civil relatif au
divorce , auront leurs effets conformément aux
lois qui existaient avant cette publication.

A l'égard des demandes formées antérieurement à la même époque , elles continueront
d'être instruites , les divorces seront prononcés ,
et auront leurs effets conformément aux lois qui
existaient lors de la demande.

Loi du 2 germinal an 11, promulguée le 12.

TITRE VII.

De la Paternité et de la Filiation.

CHAPITRE PREMIER.

De la Filiation des Enfans légitimes ou nes dans le Mariage.

806. L'ENFANT conçu pendant le mariage a pour père le mari.

Néanmoins celui-ci pourra désavouer l'enfant, s'il prouve que, pendant le temps qui a couru depuis le trois centième jusqu'au cent quatre-vingtième jour avant la naissance de cet enfant, il était, soit par cause d'éloignement, soit par l'effet de quelque accident, dans l'impossibilité physique de cohabiter avec sa femme.

807. Le mari ne pourra, en alléguant son impuissance naturelle, désavouer l'enfant : il ne pourra le désavouer même pour cause d'adultère, à moins que la naissance ne lui ait été cachée; auquel cas il sera admis à proposer tous les faits propres à justifier qu'il n'en est pas le père.

808. L'enfant né avant le cent quatre-ving-

tième jour du mariage, ne pourra être désavoué
par le mari dans les cas suivans : 1°. s'il a eu
connaissance de la grossesse avant le mariage,
2°. s'il a assisté à l'acte de naissance, et si
cet acte est signé de lui, ou contient sa déclaration qu'il ne sait signer ; 3°. si l'enfant n'est
pas déclaré viable.

309. La légitimité de l'enfant né trois cents
jours après la dissolution du mariage, pourra
être contestée.

310. Dans les divers cas où le mari est autorisé à réclamer, il devra le faire dans le mois,
s'il se trouve sur les lieux de la naissance de
l'enfant ;

Dans les deux mois après son retour, si, à la
même époque, il est absent ;

Dans les deux mois après la découverte de la
fraude, si on lui avait caché la naissance de
l'enfant.

311. Si le mari est mort avant d'avoir fait sa
réclamation, mais étant encore dans le délai
utile pour la faire, les héritiers auront deux
mois pour contester la légitimité de l'enfant,
à compter de l'époque où cet enfant se serait
mis en possession des biens du mari, ou de
l'époque où les héritiers seraient troublés par
l'enfant dans cette possession.

312. Tout acte extra-judiciaire contenant

le désaveu de la part du mari ou de ses
héritiers , sera comme non avenu, s'il n'est
suivi, dans le délai d'un mois, d'une action en
justice, dirigée contre un tuteur *ad hoc* donné à
l'enfant, et en présence de sa mère.

CHAPITRE II.

Des Preuves de la Filiation des Enfans légitimes.

313. La filiation des enfans légitimes se prouve
par les actes de naissance inscrits sur le registre de l'état civil.

314. A défaut de ce titre , la possession constante de l'état d'enfant légitime suffit.

315. La possession d'état s'établit par une
réunion suffisante de faits qui indiquent le rapport de filiation et de parenté entre un individu et la famille à laquelle il prétend appartenir.

Les principaux de ces faits sont, que l'individu a toujours porté le nom du père auquel
il prétend appartenir;

Que le père l'a traité comme son enfant, et
pourvu, en cette qualité , à son éducation,
à son entretien et à son établissement;

Qu'il a été reconnu constamment pour tel
dans la société;

Qu'il a été connu pour tel par la famille.

816. Nul ne peut réclamer un état contraire à celui que lui donnent son titre de naissance et la possession conforme à ce titre.

Et réciproquement, nul ne peut contester l'état de celui qui a une possession conforme à son titre de naissance.

817. A défaut de titre et de possession constante, ou si l'enfant a été inscrit, soit sous de faux noms, soit comme né de père et mère inconnus, la preuve de filiation peut se faire par témoins.

Néanmoins cette preuve ne peut être admise que lorsqu'il y a commencement de preuve par écrit, ou lorsque les présomptions ou indices résultant de faits dès-lors constans, sont assez graves pour déterminer l'admission.

818. Le commencement de preuve par écrit résulte des titres de famille, des registres et papiers domestiques du père ou de la mère, des actes publics et même privés émanés d'une partie engagée dans la contestation, ou qui y aurait intérêt si elle était vivante.

819. La preuve contraire pourra se faire par tous les moyens propres à établir que le réclamant n'est pas l'enfant de la mère qu'il prétend avoir, ou même, la maternité prouvée, qu'il n'est pas l'enfant du mari de la mère.

820. Les tribunaux civils seront seuls compétens pour statuer sur les réclamations d'état.

821. L'action criminelle contre un délit de suppression d'état, ne pourra commencer qu'après le jugement définitif sur la question d'état.

822. L'action en réclamation d'état est imprescriptible à l'égard de l'enfant.

823. L'action ne peut être intentée par les héritiers de l'enfant qui n'a pas réclamé, qu'autant qu'il est décédé mineur, ou dans les cinq années après sa majorité.

824. Les héritiers peuvent suivre cette action, lorsqu'elle a été commencée par l'enfant, à moins qu'il ne s'en fût désisté formellement ou qu'il n'eût laissé passer trois années sans poursuites, à compter du dernier acte de la procédure.

CHAPITRE III.

Des Enfans naturels.

SECTION Ire.

De la Légitimation des Enfans naturels;

825. Les enfans nés hors mariage, autre que ceux nés d'un commerce incestueux ou adultérin, pourront être légitimés par le mariage subséquent de leurs père et mère, lorsque ceux-ci les auront reconnus avant leur mariage, ou

qu'ils les reconnaîtront dans l'acte même de célébration.

3a6. La légitimation peut avoir lieu, même en faveur des enfans décédés qu'ont laissé des descendans : et, dans ce cas, elle profite à ces descendans.

3a7. Les enfans légitimés par le mariage subséquent auront les mêmes droits que s'ils étaient nés de ce mariage.

Section II.

De la Reconnaissance des Enfans naturels.

3a8. La reconnaissance d'un enfant naturel sera faite par un acte authentique, lorsqu'elle ne l'aura été dans son acte de naissance.

3a9. Cette reconnaissance ne pourra avoir lieu au profit des enfans nés d'un commerce incestueux ou adultérin.

33o. La reconnaissance du père, sans l'indication et l'aveu de la mère, n'a d'effet qu'à l'égard du père.

331. La reconnaissance faite pendant le mariage, par l'un des époux, au profit d'un enfant naturel qu'il aurait eu, avant son mariage, d'un autre que de son époux, ne pourra nuire ni à celui-ci, ni aux enfans nés de ce mariage.

Néanmoins elle produira son effet après la

dissolution de ce mariage, s'il n'en reste pas d'enfans.

332. L'enfant naturel reconnu ne pourra réclamer les droits d'enfant légitime. Les droits des enfans naturels seront réglés au titre *des successions*.

333. Toute reconnaissance de la part du père ou de la mère, de même que toute réclamation de la part de l'enfant, pourra être contestée par tous ceux qui y auront intérêt.

334. La recherche de la paternité est interdite. Dans le cas d'enlèvement, lorsque l'époque de cet enlèvement se rapportera à celle de la conception, le ravisseur pourra être, sur la demande des parties intéressées, déclaré père de l'enfant.

335. La recherche de la maternité est admise. L'enfant qui réclamera sa mère sera tenu de prouver qu'il est identiquement le même que l'enfant dont elle est accouchée.

Il ne sera reçu à faire cette preuve par témoins, que lorsqu'il aura déjà un commencement de preuve par écrit.

336. Un enfant ne sera jamais admis à la recherche, soit de la paternité, soit de la maternité, dans le cas où, suivant l'article 342, la reconnaissance n'est pas admise.

Loi relative au mode de Réglement de l'Etat et des Droits des Enfans naturels dont les Pères et Mères sont morts depuis la promulgation de la Loi du 12 brumaire an 2, jusqu'à la promulgation des Titres du Code civil sur la Paternité et la Filiation, et sur les Successions.

Du 14 floréal an 11, promulguée à S.-Cloud le 24.

Art. 1. L'ÉTAT et les droits des enfans nés hors mariage, dont les pères et mères sont morts depuis la promulgation de la loi du 12 brumaire an 2, jusqu'à la promulgation des titres du Code civil *sur la Paternité et la Filiation*, et sur *les Successions*, seront réglés de la manière prescrite par ces titres.

2. Néanmoins, les dispositions entre-vifs ou testamentaires, antérieures à la promulgation des mêmes titres du Code civil, et dans lesquelles on aurait fixé les droits de ces enfans naturels, seront exécutées, sauf la réduction à la quotité disponible, aux termes du Code civil, et sauf aussi un supplément, conformément à l'article 51 de la loi sur *les Successions*, dans le cas où la portion donnée ou léguée serait infé-

rieure à la moitié de ce qui devrait revenir à l'enfant naturel, suivant la même loi.

8. Les conventions et les jugemens passés en force de chose jugée, par lesquels l'état et les droits desdits enfans naturels auraient été réglés, seront exécutés selon leur forme et teneur.

———

Loi du 2 germinal an 11, promulguée à Paris le 12.

———

TITRE VIII.

De l'Adoption et de la Tutelle officieuse.

CHAPITRE PREMIER.
De l'Adoption.

SECTION PREMIÈRE.
De l'Adoption et de ses Effets.

357. L'ADOPTION n'est permise qu'aux personnes de l'un ou de l'autre sexe, âgées de plus de cinquante ans qui n'auront, à l'époque de l'adoption, ni enfans, ni descendans légitimes, et qui auront au moins quinze ans de plus que les individus qu'elles se proposent d'adopter.

358. Nul ne peut être adopté par plusieurs, si ce n'est par deux époux.

Hors le cas de l'article 360 ci-après , nul époux ne peut adopter qu'avec le consentement de l'autre conjoint.

359. La faculté d'adopter ne pourra être exercée qu'envers l'individu à qui l'on aura , dans sa minorité et pendant six ans au moins, fourni des secours et donné des soins non interrompus, ou envers celui qui aurait sauvé la vie à l'adoptant, soit dans un combat, soit en le retirant des flammes ou des flots.

Il suffira , dans ce deuxième cas, que l'adoptant soit majeur, plus âgé que l'adopté , sans enfans ni descendans légitimes, et s'il est marié, que son conjoint consente à l'adoption.

340. L'adoption ne pourra , en aucun cas, avoir lieu avant la majorité de l'adopté. Si l'adopté, ayant encore père et mère, ou l'un des deux, n'a point accompli sa vingt-cinquième année, il sera tenu de rapporter le consentement donné à l'adoption par ses père et mère , ou par le survivant; et s'il est majeur de vingt-cinq ans, de requérir leur conseil.

341. L'adoption conférera le nom de l'adoptant à l'adopté , en l'ajoutant au nom propre de ce dernier.

342. L'adopté restera dans sa famille naturelle, et y conservera tous ses droits : néanmoins

le mariage est prohibé entre l'adoptant, l'adopté et ses descendans ;

Entre les enfans adoptifs du même individu ;

Entre l'adopté et les enfans qui pourraient survenir à l'adoptant, entre l'adopté et le conjoint de l'adoptant, et réciproquement entre l'adoptant et le conjoint de l'adopté.

343. L'obligation naturelle, qui continuera d'exister entre l'adopté et ses père et mère de se fournir des alimens dans les cas déterminés par la loi, sera considérée comme commune à l'adoptant et à l'adopté l'un envers l'autre.

344. L'adopté n'acquerra aucun droit de successibilité sur les biens des parens de l'adoptant; mais il aura sur la succession de l'adoptant les mêmes droits que ceux qu'y aurait l'enfant né en mariage, même quand il y aurait d'autres enfans de cette dernière qualité nés depuis l'adoption.

- 345. Si l'adopté meurt sans descendans légitimes, les choses données par l'adoptant ou recueillies dans sa succession, et qui existeront en nature lors du décès de l'adopté, retourneront à l'adoptant ou à ses descendans, à la charge de contribuer aux dettes, et sans préjudice des droits des tiers.

Le surplus des biens de l'adopté appartiendra

9

à ses propres parens, et ceux-ci exclueront toujours, pour les objets même spécifiés au présent article, tous héritiers de l'adoptant autres que ses descendans.

346. Si du vivant de l'adoptant et après le décès de l'adopté, les enfans ou descendans laissés par celui-ci mouraient eux-mêmes sans postérité, l'adoptant succédera aux choses par lui données, comme il est dit en l'article précédent ; mais ce droit sera inhérent à la personne de l'adoptant, et non transmissible à ses héritiers, même en ligne descendante.

S e c t i o n I I.

Des Formes de l'Adoption.

347. La personne qui se proposera d'adopter et celle qui voudra être adoptée se présenteront devant le juge-de-paix du domicile de l'adoptant, pour y passer acte de leurs consentemens respectifs.

348. Une expédition de cet acte sera remise, dans les dix jours suivans, par la partie la plus diligente, au commissaire du gouvernement près le tribunal de première instance dans le ressort duquel se trouvera le domicile de l'adoptant, pour être soumis à l'homologation de ce tribunal.

349. Le tribunal, réuni en la chambre du

conseil, et après s'être procuré les renseignemens convenables, vérifiera, 1º. si toutes les conditions de la loi sont remplies; 2º. si la personne qui se propose d'adopter jouit d'une bonne réputation.

350. Après avoir entendu le commissaire du gouvernement, et sans aucune autre forme de procédure, le tribunal prononcera, sans énoncer de motifs, en ces termes : *Il y a lieu ou il n'y a pas lieu à l'adoption.*

351. Dans le mois qui suivra le jugement du tribunal de première instance, ce jugement sera, sur les poursuites de la partie la plus diligente, soumis au tribunal d'appel, qui instruira dans les mêmes formes que le tribunal de première instance, et prononcera, sans énoncer de motifs : *Le jugement est confirmé,* ou *le jugement est réformé;* et en conséquence, *il y a lieu* ou *il n'y a pas lieu à l'adoption.*

352. Tout jugement du tribunal d'appel qui admettra une adoption, sera prononcé à l'audience et affiché en tels lieux et en tel nombre d'exemplaires que le tribunal jugera convenable.

353. Dans les trois mois qui suivront ce jugement, l'adoption sera inscrite, à la réquisition de l'une ou de l'autre des parties, sur les registres de l'état civil du lieu où l'adoptant sera domicilié.

Cette inscription n'aura lieu que sur le vu d'une expédition en forme du jugement du tribunal d'appel, et l'adoption restera sans effet si elle n'a été inscrite dans ce délai.

354. Si l'adoptant venait à mourir après que l'acte constatant la volonté de former le contrat d'adoption a été reçu par le juge-de-paix et porté devant les tribunaux, et avant que ceux-ci eussent définitivement prononcé, l'instruction sera continuée et l'adoption admise, s'il y a lieu.

Les héritiers de l'adoptant pourront, s'ils croient l'adoption inadmissible, remettre au commissaire du gouvernement tous mémoires et observations à ce sujet.

C H A P I T R E　I I.
De la Tutelle officieuse.

355. Tout individu âgé de plus de 50 ans et sans enfans ni descendans légitimes, qui voudra, durant la minorité d'un individu, se l'attacher par un titre légal, pourra devenir son tuteur officieux, en obtenant le consentement des père et mère de l'enfant, ou du survivant d'entre eux, ou, à leur défaut, d'un conseil de famille, ou, enfin, si l'enfant n'a point de parens connus, en obtenant le consentement des administrateurs de l'hospice où il aura été recueilli, et de la municipalité du lieu de sa résidence.

356. Un époux ne peut devenir tuteur officieux qu'avec le consentement de l'autre conjoint.

357. Le juge de paix du domicile de l'enfant dressera procès-verbal des demandes et consentemens relatifs à la tutelle officieuse.

358. Cette tutelle ne pourra avoir lieu qu'au profit d'enfans âgés de moins de quinze ans.

Elle emportera avec soi, sans préjudice de toutes stipulations particulières, l'obligation de nourrir le pupille, de l'élever, de le mettre en état de gagner sa vie.

359. Si le pupille a quelque bien, et s'il était antérieurement en tutelle, l'administration de ses biens, comme celle de sa personne, passera au tuteur officieux, qui ne pourra néanmoins imputer les dépenses de l'éducation sur les revenus du pupille.

360. Si le tuteur officieux, après cinq ans révolus depuis la tutelle, et dans la prévoyance de son décès, avant la majorité du pupille, lui confère l'adoption par acte testamentaire, cette disposition sera valable, pourvu que le tuteur officieux ne laisse point d'enfans légitimes.

361. Dans le cas où le tuteur officieux mourrait, soit avant les cinq ans, soit après ce temps, sans avoir adopté son pupille, il sera fourni à celui-ci, durant sa majorité, des moyens de

subsister, dont la quotité et l'espèce, s'il n'y a été antérieurement pourvu par une convention formelle, seront réglées soit amiablement entre les représentans respectifs du tuteur et du pupille, soit judiciairement en cas de contestation.

362. Si, à la majorité du pupille, son tuteur officieux veut l'adopter, et que le premier y consente, il sera procédé à l'adoption selon les formes prescrites au chapitre précédent, et les effets en seront, en tous points, les mêmes.

363. Si, dans les trois mois qui suivront la majorité du pupille, les réquisitions par lui faites à son tuteur officieux, à fin d'adoption, sont restées sans effet, et que le pupille ne se trouve point en état de gagner sa vie, le tuteur officieux pourra être condamné à indemniser le pupille de l'incapacité où celui-ci pourrait se trouver de pourvoir à sa subsistance.

Cette indemnité se résoudra en secours propres à lui procurer un métier; le tout sans préjudice des stipulations qui auraient pu avoir lieu dans la prévoyance de ce cas.

364. Le tuteur officieux qui aurait eu l'administration de quelques biens pupillaires en devra rendre compte dans tous les cas.

*Loi relative aux Adoptions faites avant la publi-
cation du Titre VIII du Code civil.*

**Du 25 germinal an 11, promulguée à S.-Cloud
le 5 floréal.**

Art. 1. Toutes adoptions faites par actes authentiques depuis le 18 janvier 1792 (v. st.)
jusqu'à la publication des dispositions du code
civil relatives à l'adoption, seront valables,
quand elles n'auraient été accompagnées d'aucune des conditions depuis imposées pour adopter et être adopté.

2. Pourra néanmoins celui qui aura été adopté
en minorité, et qui se trouverait aujourd'hui
majeur, renoncer à l'adoption dans les trois mois
qui suivront la publication de la présente loi.

La même faculté pourra être exercée partout
adopté aujourd'hui mineur, dans les trois mois
qui suivront sa majorité.

Dans l'un et l'autre cas, la renonciation sera
faite devant l'officier de l'état civil du domicile
de l'adopté, et notifiée à l'adoptant dans un
autre délai de trois mois.

3. Les adoptions auxquelles l'adopté n'aura point renoncé, produiront les effets suivans:

Si ces droits ont été réglés par acte ou contrat authentique, disposition entre-vifs ou à cause de mort, faits sans lésion de légitime d'enfant, transaction ou jugement passé en force de chose jugée, il ne sera porté aucune atteinte auxdits acte, contrat, disposition, transaction ou jugement, lesquels seront exécutés selon leur forme et teneur.

4. En l'absence ou à défaut de toute espèce d'actes authentiques spécifiant ce que l'adoptant a voulu donner à l'adopté, celui-ci jouira de tous les droits accordés par le code civil, si, dans les six mois qui suivront la publication de la présente loi, l'adoptant ne se présente, devant le juge de paix de son domicile, pour y affirmer que son intention n'a pas été de conférer à l'adopté tous les droits de successibilité qui appartiendraient à un enfant légitime.

Cette faculté d'affirmer l'intention est un droit personnel à l'adoptant, et n'appartiendra point à ses héritiers.

5. Dans le cas où l'adoptant aurait fait l'affirmation énoncée dans l'article précédent et dans le délai prescrit par cet article, les droits de l'adopté seront, quant à la successibilité, li-

mités au tiers de ceux qui auraient appartenu à un enfant légitime.

6. S'il résultait de l'un des actes maintenus par l'article 8 que les droits de l'adopté fussent inférieurs à ceux accordés par le code civil, ceux-ci pourront lui être conférés en entier, par une nouvelle adoption, dont l'instruction aura lieu conformément aux dispositions du code, mais sans autres conditions de la part de l'adoptant que d'être sans enfans ni descendans légitimes, d'avoir quinze ans de plus que l'adopté, et, si l'adoptant est marié, d'obtenir le consentement de l'autre époux.

7. Les articles 341, 342, 343, 345 et 346 du code civil, au titre *de l'Adoption*, sont au surplus déclarés communs à tous les individus adoptés depuis le décret du 18 janvier 1792 et autres lois y relatives.

T I T R E   I X.

De la Puissance paternelle.

865. L'ENFANT, à tout âge, doit honneur et respect à ses père et mère.

866. Il reste sous leur autorité jusqu'à sa majorité ou son émancipation.

867. Le père seul exerce cette autorité durant le mariage.

868. L'enfant ne peut quitter la maison paternelle sans la permission de son père, si ce n'est pour enrôlement volontaire, après l'âge de dix-huit ans révolus.

869. Le père qui aura des sujets de mécontentement très-graves sur la conduite d'un enfant, aura les moyens de correction suivans.

870. Si l'enfant est âgé de moins de seize ans commencés, le père pourra le faire détenir pendant un temps qui ne pourra excéder un mois; et, à cet effet, le président du tribunal d'arrondissement devra, sur sa demande, délivrer l'ordre d'arrestation.

371. Depuis l'âge de seize ans commencés jusqu'à la majorité ou l'émancipation, le père pourra seulement requérir la détention de son enfant pendant six mois au plus ; il s'adressera au président dudit tribunal, qui, après en avoir conféré avec le commissaire du gouvernement, délivrera l'ordre d'arrestation ou le refusera, et pourra, dans le premier cas, abréger le temps de la détention requis par le père.

372. Il n'y aura, dans l'un et l'autre cas, aucune écriture ni formalité judiciaire, si ce n'est l'ordre même d'arrestation, dans lequel les motifs n'en seront pas énoncés.

Le père sera seulement tenu de souscrire une soumission de payer tous les frais et de fournir les alimens convenables.

373. Le père est toujours maître d'abréger la durée de la détention par lui ordonnée ou requise. Si après sa sortie l'enfant tombe dans de nouveaux écarts, la détention pourra être de nouveau ordonnée de la manière prescrite aux articles précédens.

374. Si le père est remarié, il sera tenu, pour faire détenir son enfant du premier lit, lors même qu'il serait âgé de moins de seize ans, de se conformer à l'article 371.

375. La mère survivante et non remariée, ne

pourra faire détenir un enfant qu'avec le concours des deux plus proches parens paternels ,
et par voie de réquisition , conformément à
l'article 371.

376. Lorsque l'enfant aura des droits personnels , ou lorsqu'il exercera un état, sa détention ne pourra , même au-dessous de seize ans ,
avoir lieu que par voie de réquisition, en la
forme prescrite par l'article 371.

L'enfant détenu pourra adresser un mémoire
au commissaire du Gouvernement près le tribunal d'appel. Ce commissaire se fera rendre
compte par celui près le tribunal de première
instance , et fera son rapport au président du
tribunal d'appel , qui , après en avoir donné
avis au père , et après avoir recueilli tous les
renseignemens , pourra révoquer ou modifier
l'ordre délivré par le président du tribunal de
première instance.

377. Les articles 370 , 371 , 372 et 373 ,
seront communs aux pères et mères des enfans
naturels légalement reconnus.

378. Le père , durant le mariage , et , après
la dissolution du mariage, le survivant des père et
mère , auront la jouissance des biens de leurs
enfans jusqu'à l'âge de dix-huit ans accomplis,
ou jusqu'à l'émancipation qui pourrait avoir lieu
avant l'âge de dix-huit ans.

879. Les charges de cette jouissance, seront,

1°. Celles auxquelles sont tenus les usufrui-tiers ;

2°. La nourriture, l'entretien et l'éducation des enfans selon leur fortune ;

3°. Le paiement des arrérages ou intérêts des capitaux ;

4°. Les frais funéraires et ceux de dernière maladie.

880. Cette jouissance n'aura pas lieu au profit de celui des père et mère contre lequel le divorce aurait été prononcé ; et elle cessera à l'égard de la mère dans le cas d'un second mariage.

881. Elle ne s'étendra pas aux biens que les enfans pourront acquérir par un travail et une industrie séparés, ni à ceux qui leur seront donnés ou légués sous la condition expresse que les père et mère n'en jouiront pas.

Loi du 5 germinal an 11, promulguée à Paris le 15.

TITRE X.

De la Minorité, de la Tutelle et de l'Emancipation.

CHAPITRE PREMIER.

De la Minorité.

388. Le mineur est l'individu de l'un ou de l'autre sexe qui n'a point encore l'âge de vingt-un ans accomplis.

CHAPITRE II.

De la Tutelle,

SECTION PREMIÈRE.

De la Tutelle des Père et Mère.

385. Le père est, durant le mariage, administrateur des biens personnels de ses enfans mineurs.

Il est comptable, quant à la propriété et aux revenus, des biens dont il n'a pas la jouissance ;

et quant à la propriété seulement, de ceux des biens dont la loi lui donne l'usufruit.

384. Après la dissolution du mariage arrivée par la mort naturelle ou civile de l'un des époux, la tutelle des enfans mineurs et non émancipés appartient de plein droit au survivant des père et mère.

385. Pourra néanmoins le père nommer à la mère survivante et tutrice, un conseil spécial, sans l'avis duquel elle ne pourra faire aucun acte relatif à la tutelle.

Si le père spécifie les actes pour lesquels le conseil sera nommé, la tutrice sera habile à faire les autres sans son assistance.

386. Cette nomination de conseil ne pourra être faite que de l'une des manières suivantes :

1°. Par acte de dernière volonté;

2°. Par une déclaration faite ou devant le juge-de-paix, assisté de son greffier, ou devant notaires.

387. Si, lors du décès du mari, la femme est enceinte, il sera nommé un curateur au ventre par le conseil de famille.

A la naissance de l'enfant, la mère en deviendra tutrice, et le curateur en sera de plein droit le subrogé tuteur.

388. La mère n'est point tenue d'accepter la

tutelle, néanmoins, et en cas qu'elle la refuse, elle devra en remplir les devoirs jusqu'à ce qu'elle ait fait nommer un tuteur.

389. Si la mère tutrice veut se remarier, elle devra, avant l'acte de mariage, convoquer le conseil de famille, qui décidera si la tutelle doit lui être conservée.

A défaut de cette convocation, elle perdra la tutelle de plein droit, et son nouveau mari sera solidairement responsable de toutes les suites de la tutelle qu'elle aura indûment conservée.

390. Lorsque le conseil de famille, dûment convoqué, conservera la tutelle à la mère, il lui donnera nécessairement pour cotuteur le second mari, qui deviendra solidairement responsable, avec sa femme, de la gestion postérieure au mariage.

SECTION II.

De la Tutelle déférée par le Père ou la Mère.

391. Le droit individuel de choisir un tuteur parent, ou même étranger, n'appartient qu'au dernier mourant des père et mère.

392. Ce droit ne peut être exercé que dans les formes prescrites par l'article 386, et sous les exceptions et modifications ci-après.

393. La mère remariée et non maintenue dans la tutelle des enfans de son premier mariage, ne peut leur choisir un tuteur.

394. Lorsque la mère remariée, et maintenue dans la tutelle, aura fait choix d'un tuteur aux enfans de son premier mariage, ce choix ne sera valable qu'autant qu'il sera confirmé par le conseil de famille.

395. Le tuteur élu par le père ou la mère n'est pas tenu d'accepter la tutelle, s'il n'est d'ailleurs dans la classe des personnes qu'à défaut de cette élection spéciale le conseil de famille eût pu en charger.

SECTION III.

De la Tutelle des Ascendans.

396. Lorsqu'il n'a pas été choisi au mineur un tuteur par le dernier mourant dè ses père et mère, la tutelle appartient de droit à son aïeul paternel; à défaut de celui-ci, à son aïeul maternel, et ainsi en remontant, de manière que l'ascendant paternel soit toujours préféré à l'ascendant maternel du même degré.

397. Si, à défaut de l'aïeul paternel et de l'aïeul maternel du mineur, la concurrence se trouvait établie entre deux ascendans du degré

10.

supérieur, qui appartinssent tous deux à la ligne paternelle du mineur, la tutelle passera de droit à celui des deux qui se trouvera être l'aïeul paternel du père du mineur.

398. Si la même concurrence a lieu entre deux bisaïeuls de la ligne maternelle, la nomination sera faite, par le conseil de famille, qui ne pourra néanmoins que choisir l'un de ces deux ascendans.

S E C T I O N I V.

De la Tutelle déférée par le Conseil de Famille.

399. Lorsqu'un enfant mineur et non émancipé restera sans père ni mère, ni tuteur élu par ses père et mère, ni ascendans mâles, comme aussi lorsque le tuteur de l'une des qualités ci-dessus exprimées se trouvera ou dans le cas des exclusions dont il sera parlé ci-après, ou valablement excusé, il sera pourvu, par un conseil de famille à la nomination d'un tuteur.

400. Ce conseil sera convoqué, soit sur la réquisition et à la diligence des parens du mineur, de ses créanciers ou d'autres parties intéressées, soit même d'office et à la poursuite du juge de paix du domicile du mineur :

toute personn... pourra dénoncer à ce juge de paix le fait qui donnera lieu à la nomination d'un tuteur.

401. Le conseil de famille sera composé, non compris le juge de paix, de six parens ou alliés, pris tant dans la commune où la tutelle sera ouverte que dans la distance de deux myriamètres, moitié du côté paternel, moitié du côté maternel, et en suivant l'ordre de proximité dans chaque ligne.

Le parent sera préféré à l'allié du même degré, et, parmi les parens de même degré, le plus âgé à celui qui le sera le moins.

402. Les frères germains du mineur et les maris des sœurs germaines sont seuls exceptés de la limitation de nombre posée en l'article précédent.

S'ils sont six, ou au-delà, ils seront tous membres du conseil de famille, qu'ils composeront seuls avec les veuves d'ascendans et les ascendans valablement excusés, s'il y en a.

S'ils sont en nombre inférieur, les autres parens ne seront appelés que pour compléter le conseil.

403. Lorsque les parens ou alliés de l'une ou de l'autre ligne se trouveront en nombre insuffisant sur les lieux, ou dans la distance

désignée par l'art. 401, le juge de paix appellera, soit des parens ou alliés domiciliés à
de plus grandes distances, soit, dans la commune même, des citoyens connus pour avoir eu
des relations habituelles d'amitié avec le père
ou la mère du mineur.

404. Le juge de paix pourra, lors même
qu'il y aurait sur les lieux un nombre suffisant de parens ou alliés, permettre de citer,
à quelque distance qu'ils soient domiciliés,
des parens ou alliés plus proches en degrés,
ou de mêmes degrés, que les parens ou alliés
présens, de manière toutefois que cela s'opère
en retranchant quelques-uns de ces derniers,
et sans excéder le nombre réglé par les précédens articles.

405. Le délai pour comparaître sera réglé
par le juge de paix à jour fixe, mais de manière qu'il y ait toujours, entre la citation
notifiée et le jour indiqué pour la réunion du
conseil, un intervalle de trois jours au moins,
quand toutes les parties citées résideront dans
la commune, ou dans la distance de deux myriamètres.

Toutes les fois que, parmi les parties citées,
il s'en trouvera de domiciliées au-delà de cette
distance, le délai sera augmenté d'un jour par
trois myriamètres.

406. Les parens, alliés ou amis, ainsi convoqués, seront tenus de se rendre en personne, ou de se faire représenter par un mandataire spécial.

Le fondé de pouvoir ne peut représenter plus d'une personue.

407. Tout parent, allié ou ami, convoqué, et qui, sans excuse légitime, ne comparaîtra point, encourra une amende qui ne pourra excéder 50 fr. et sera prononcée sans appel par le juge de paix.

408. S'il y a excuse suffisante, et qu'il convienne, soit d'attendre le membre absent, soit de le remplacer; en ce cas, comme en tout autre où l'intérêt du mineur semblera l'exiger, le juge de paix pourra ajourner l'assemblée ou la proroger.

409. Cette assemblée se tiendra de plein droit chez le juge de paix, à moins qu'il ne désigne lui-même un autre local. La présence de trois quarts au moins de ses membres convoqués sera nécessaire pour qu'elle délibère.

410. Le conseil de famille sera présidé par le juge de paix, qui y aura voix délibérative, et prépondérante en cas de partage.

411. Quand le mineur, domicilié en France, possédera des biens dans les colonies, ou réci-

proquement, l'administration spéciale de ses biens sera donnée à un protuteur.

En ce cas, le tuteur et le protuteur seront indépendans, et non responsables l'un envers l'autre pour leur gestion respective.

412. Le tuteur agira et administrera, en cette qualité, du jour de sa nomination si elle a lieu en sa présence, sinon du jour qu'elle lui aura été notifiée.

413. La tutelle est une charge personnelle qui ne passe point aux héritiers du tuteur. Ceux ci seront seulement responsables de la gestion de leur auteur; et s'ils sont majeurs, ils seront tenus de la continuer jusqu'à la nomination d'un nouveau tuteur.

S e c t i o n V.

Du Subrogé Tuteur.

414. Dans toute tutelle il y aura un subrogé tuteur, nommé par le conseil de famille.

Ses fonctions consisteront à agir pour les intérêts du mineur, lorsqu'ils seront en opposition avec ceux du tuteur.

415. Lorsque les fonctions de tuteur seront dévolues à une personne de l'une des qualités exprimées aux sections Ie, IIe et IIIe ci-dessus,

ce tuteur devra, avant d'entrer en fonction, faire convoquer pour la nomination du subrogé tuteur, un conseil de famille composé comme il est dit en la section IVe.

S'il s'est ingéré dans la gestion avant d'avoir rempli cette formalité, le conseil de famille, convoqué soit sur la réquisition des parens, créanciers ou autres parties intéressées, soit d'office par le juge de paix, pourra, s'il y a eu dol de la part du tuteur, lui retirer la tutelle, sans préjudice des indemnités dues au mineur.

416. Dans les autres tutelles, la nomination du subrogé tuteur aura lieu immédiatement après celle du tuteur.

417. En aucun cas le tuteur ne votera pour la nomination du subrogé tuteur, lequel sera pris, hors le cas de frères germains, dans celle des deux lignes à laquelle le tuteur n'appartiendra point.

418. Le subrogé tuteur ne remplacera pas de plein droit le tuteur lorsque la tutelle deviendra vacante, ou qu'elle sera abandonnée par absence ; mais il devra, en ce cas, sous peine des dommages-intérêts qui pourraient en résulter pour le mineur, provoquer la nomination d'un nouveau tuteur.

419. Les fonctions du subrogé tuteur cesseront à la même époque que la tutelle.

420. Les dispositions contenues dans les sections VIe et VIIe ci-après, s'appliqueront aux subrogés tuteurs.

Néanmoins, le tuteur ne pourra provoquer la destitution du subrogé tuteur, ni voter dans les conseils de famille qui seront convoqués pour cet objet.

SECTION VI.

Des Causes qui dispensent de la Tutelle.

421. Sont dispensés de la tutelle,

Les membres des autorités établies par les titres II, III et IV de l'acte constitutionnel;

Les juges au tribunal de cassation, commissaire et substituts près le même tribunal;

Les commissaires de la comptabilité nationale;

Les préfets;

Tous citoyens exerçant une fonction publique dans un département autre que celui où la tutelle s'établit.

422. Sont également dispensés de la tutelle,

Les militaires en activité de service, et tous autres citoyens qui remplissent, hors du territoire de la république, une mission du gouvernement.

4s3. Si la mission est non authentique, et contestée, la dispense ne sera prononcée qu'après que le gouvernement se sera expliqué par la voie du ministre dans le département duquel se placera la mission articulée comme excuse.

4s4. Les citoyens de la qualité exprimée aux articles précédens, qui ont accepté la tutelle postérieurement aux fonctions, services ou missions qui en dispensent, ne seront plus admis à s'en faire décharger pour cette cause.

4s5. Ceux, au contraire, à qui lesdites fonctions, services ou missions auront été conférées postérieurement à l'acceptation et gestion d'une tutelle, pourront, s'ils ne veulent la conserver, faire convoquer, dans le mois, un conseil de famille pour y être procédé à leur remplacement.

Si, à l'expiration de ces fonctions, services ou missions, le nouveau tuteur réclame sa décharge, ou que l'ancien redemande la tutelle, elle pourra lui être rendue par le conseil de famille.

4s6. Tout citoyen non parent ni allié ne peut

être forcé d'accepter la tutelle que dans le cas où il n'existerait pas , dans la distance de quatre myriamètres , des parens ou alliés en état de gérer la tutelle.

427. Tout individu âgé de soixante-cinq ans accomplis , peut refuser d'être tuteur. Celui qui aura été nommé ayant cet âge , pourra, à soixante-dix ans, se faire décharger de la tutelle.

428. Tout individu atteint d'une infirmité grave et dûment justifiée, est dispensé de la tutelle.

Il pourra même s'en faire décharger, si cette infirmité est survenue depuis sa nomination.

429. Deux tutelles sont, pour toutes personnes ; une juste dispense d'en accepter une troisième.

Celui qui, époux ou père, sera déjà chargé d'une tutelle, ne pourra être tenu d'en accepter une seconde, excepté celle de ses enfans.

430. Ceux qui ont cinq enfans légitimes sont dispensés de toute tutelle autre que celles desdits enfans.

Les enfans morts en activité de service dans les armées de la république, seront toujours comptés pour opérer cette dispense.

Les autres enfans morts ne seront comptés qu'autant qu'ils auront eux-mêmes laissé des enfans actuellement existans.

431. La survenance d'enfans pendant la tutelle ne pourra autoriser à l'abdiquer.

432. Si le tuteur nommé est présent à la délibération qui lui défère la tutelle, il devra sur-le-champ et sous peine d'être déclaré non-recevable dans toute réclamation ultérieure, proposer ses excuses, sur lesquelles le conseil de famille délibérera.

433. Si le tuteur nommé n'a pas assisté à la délibération qui lui défère la tutelle, il pourra faire convoquer le conseil de famille pour délibérer sur ses excuses.

Ses diligences à ce sujet devront avoir lieu dans le délai de trois jours, à partir de la notification qui lui aura été faite de sa nomination ; lequel délai sera augmenté d'un jour par trois myriamètres de distance du lieu de son domicile à celui de l'ouverture de la tutelle ; passé ce délai, il sera non recevable.

434. Si ses excuses sont rejetées, il pourra se pourvoir devant les tribunaux pour les faire admettre mais il sera, pendant le litige, tenu d'administrer provisoirement.

435. S'il parvient à se faire exempter de la

tutelle, ceux qui auront rejeté l'excuse pourront être condamnés aux frais de l'instance.

S'il succombe, il y sera condamné lui-même.

S e c t i o n   V I I.

De l'Incapacité, des Exclusions et Destitutions de la Tutelle.

436. Ne peuvent être tuteurs, ni membres des conseils de familles.

1°. Les mineurs, excepté le père ou la mère ;

2°. Les interdits ;

3°. Les femmes, autres que la mère et les ascendantes.

4°. Tous ceux qui ont ou dont les père ou mère ont avec le mineur un procès dans lequel l'état de ce mineur, sa fortune, ou une partie notable de ses biens, sont compromis.

437. La condamnation à une peine afflictive ou infamante emporte de plein droit l'exclusion de la tutelle. Elle emporte de même la destitution, dans le cas où il s'agirait d'une tutelle antérieurement déférée.

438. Sont aussi exclus de la tutelle, et même destituables, s'ils sont en exercice,

1°. Les gens d'une inconduite notoire ;

2°. Ceux dont la gestion attesterait l'incapacité ou l'infidélité.

439. Tout individu qui aura été exclu ou destitué d'une tutelle, ne pourra être membre d'un conseil de famille.

440. Toutes les fois qu'il y aura lieu à une destitution de tuteur, elle sera prononcée par le conseil de famille convoqué à la diligence du subrogé tuteur, ou d'office par le juge de paix.

Celui-ci ne pourra se dispenser de faire cette convocation, quand elle sera formellement requise par un ou plusieurs parens ou alliés du mineur, au degré de cousin-germain ou à des degrés plus proches.

441. Toute délibération du conseil de famille qui prononcera l'exclusion ou la destitution du tuteur sera motivée, et ne pourra être prise qu'après avoir entendu ou appelé le tuteur.

442. Si le tuteur adhère à la délibération, il en sera fait mention, et le nouveau tuteur entrera aussitôt en fonctions.

S'il y a réclamation, le subrogé tuteur poursuivra l'homologation de la délibération devant le tribunal de première instance, qui prononcera sauf l'appel.

11.

Le tuteur exclu ou destitué peut lui-même ; en ce cas, assigner le subrogé-tuteur pour se faire déclarer maintenu en la tutelle.

443. Les parens ou alliés qui auront requis la convocation, pourront intervenir dans la cause, qui sera instruite et jugée comme affaire urgente.

Section VIII.

De l'Administration du Tuteur.

444. Le tuteur prendra soin de la personne du mineur, et le représentera dans tous les actes civils.

Il administrera ses biens en bon père de famille, et répondra des dommages-intérêts qui pourraient résulter d'une mauvaise gestion.

Il ne peut ni acheter les biens du mineur, ni les prendre à ferme, à moins que le conseil de famille n'ait autorisé le subrogé tuteur à lui en passer bail, ni accepter la cession d'aucun droit ou créance contre son pupille.

445. Dans les dix jours qui suivront celui de sa nomination, dûment connue de lui, le tuteur requerra la levée des scellés, s'ils ont été apposés, et fera procéder immédiatement à

l'inventaire des biens du mineur, en présence du subrogé tuteur.

S'il lui est dû quelque chose par le mineur, il devra le déclarer dans l'inventaire, à peine de déchéance ; et ce sur la réquisition que l'officier public sera tenu de lui en faire, et dont mention sera faite au procès-verbal.

446. Dans le mois qui suivra la clôture de l'inventaire, le tuteur fera vendre, en présence du subrogé tuteur , aux enchères reçues par un officier public , et après des affiches ou publications dont le procès-verbal de vente fera mention, tous les meubles autres que ceux que le conseil de famille l'aurait autorisé à conserver en nature.

447. Les père et mère , tant qu'ils ont la jouissance propre et légale des biens du mineur, sont dispensés de vendre les meubles, s'ils préfèrent de les garder pour les remettre en nature.

Dans ce cas, ils en feront faire , à leurs frais, une estimation à juste valeur, par un expert qui sera nommé par le subrogé tuteur , et prêtera serment devant le juge de paix : ils rendront la valeur estimative de ceux des meubles qu'ils ne pourrraient représenter en nature.

448. Lors de l'entrée en exercice de toute

tutelle , autre que celle des père et mère , le conseil de famille réglera par aperçu , et selon l'importance des biens régis, la somme à laquelle pourra s'élever la dépense annuelle du mineur , ainsi que celle d'administration de ses biens.

Le même acte spécifiera si le tuteur est autorisé à s'aider, dans sa gestion , d'un ou plusieurs administrateurs particuliers, salariés, et gérant sous sa responsabilité.

449. Ce conseil déterminera positivement la somme à laquelle commencera, pour le tuteur , l'obligation d'employer l'excédant des revenus sur la dépense : cet emploi devra être fait dans le délai de six mois, passé lequel le tuteur devra les intérêts à défaut d'emploi.

450. Si le tuteur n'a pas fait déterminer par le conseil de famille la somme à laquelle doit commencer l'emploi , il devra, après le délai exprimé dans l'article précédent, les intérêts de toute somme non employée, quelque modique qu'elle soit.

451. Le tuteur , même le père ou la mère, ne peut emprunter pour le mineur , ni aliéner ou hypothéquer ses biens immeubles, sans y être autorisé par un conseil de famille.

Cette autorisation ne devra être accordée que

pour cause d'une nécessité absolue , ou d'un avantage évident.

Dans le premier cas , le conseil de famille n'accordera son autorisation qu'après qu'il aura été constaté, par un compte sommaire présenté par le tuteur, que les deniers, effets mobiliers et revenus du mineur sont insuffisans.

Le conseil de famille indiquera , dans tous les cas, les immeubles qui devront être vendus de préférence , et toutes les conditions qu'il jugera utiles.

452. Les délibérations du conseil de famille relatives à cet objet , ne seront exécutées qu'après que le tuteur en aura demandé et obtenu l'homologation devant le tribunal civil de première instance , qui y statuera en la chambre du conseil , et après avoir entendu le commissaire du gouvernement.

453. La vente se fera publiquement, en présence du subrogé tuteur, aux enchères qui seront reçues par un membre du tribunal civil, ou par un notaire à ce commis, et à la suite de trois affiches apposées, par trois dimanches consécutifs , aux lieux accoutumés dans le canton.

Chacune de ces affiches sera visée et certifiée

par le maire des communes où elles auront en lieu.

454. Les formalités exigées par les articles 449 et 450, pour l'aliénation des biens du mineur, ne s'appliquent point au cas où un jugement aurait ordonné la licitation sur la provocation d'un copropriétaire par indivis.

Seulement, et en ce cas, la licitation ne pourra se faire que dans la forme prescrite par l'article précédent : les étrangers y seront nécessairement admis.

455. Le tuteur ne pourra accepter ni répudier une succession échue au mineur, sans une autorisation préalable du conseil de famille : l'acceptation n'aura lieu que sous bénéfice d'inventaire.

456. Dans le cas où la succession répudiée au nom du mineur n'aurait pas été acceptée par un autre, elle pourra être reprise, soit par le tuteur, autorisé à cet effet par une nouvelle délibération du conseil de famille, soit par le mineur devenu majeur, mais dans l'état où elle se trouvera lors de la reprise, et sans pouvoir attaquer les ventes et autres actes qui auraient été légalement faits durant la vacance.

457. La donation faite au mineur ne pourra

être acceptée par le tuteur qu'avec l'autorisation du conseil de famille.

Elle aura, à l'égard du mineur, le même effet qu'à l'égard du majeur.

458. Aucun tuteur ne pourra introduire en justice une action relative aux droits immobiliers du mineur, ni acquiescer à une demande relative aux mêmes droits, sans l'autorisation du conseil de famille.

459. La même autorisation sera nécessaire au tuteur pour provoquer un partage ; mais il pourra, sans cette autorisation, répondre à une demande en partage, dirigée contre le mineur.

460. Pour obtenir à l'égard du mineur tout l'effet qu'il aurait entre majeurs, le partage devra être fait en justice, et précédé d'une estimation faite par experts nommés par le tribunal civil du lieu de l'ouverture de la succession.

Les experts, après avoir prêté, devant le président du même tribunal, ou autre juge par lui délégué, le serment de bien et fidèlement remplir leur mission, procéderont à la division des héritages et à la formation des lots, qui seront tirés au sort, et en présence, soit d'un membre du tribunal, soit d'un notaire par lui commis, lequel fera la délivrance des lots.

Tout autre partage ne sera considéré que comme provisionnel.

461. Le tuteur ne pourra transiger au nom du mineur, qu'après y avoir été autorisé par le conseil de famille, et de l'avis de trois jurisconsultes désignés par le commissaire du gouvernement près le tribunal civil.

La transaction ne sera valable qu'autant qu'elle aura été homologuée par le tribunal civil, après avoir entendu le commissaire du Gouvernement.

462. Le tuteur qui aura des sujets de mécontentement graves sur la conduite du mineur, pourra porter ses plaintes à un conseil de famille, et, s'il y est autorisé par ce conseil, provoquer la réclusion du mineur, conformément à ce qui est statué à ce sujet au titre *de la Puissance paternelle.*

S e c t i o n I X.

Des Comptes de la Tutelle.

463. Tout tuteur est comptable de sa gestion lorsqu'elle finit.

464. Tout tuteur, autre que le père et la mère, peut être tenu, même durant la tutelle, de remettre au subrogé tuteur des états de situation de sa gestion, aux époques que le conseil de famille aurait jugé à propos de fixer, sans néanmoins que le tuteur puisse être astreint à en fournir plus d'un chaque année.

Ces états de situation seront rédigés et remis, sans frais, sur papier non timbré, et sans aucune formalité de justice.

465. Le compte définitif de tutelle sera rendu aux dépens du mineur lorsqu'il aura atteint sa majorité, ou obtenu son émancipation; le tuteur en avancera les frais.

On y allouera au tuteur toutes dépenses suffisamment justifiées, et dont l'objet sera utile.

466. Tout traité qui pourra intervenir entre le tuteur et le mineur devenu majeur, sera nul, s'il n'a été précédé de la reddition d'un compte détaillé, et de la remise des pièces justificatives, le tout constaté par un récépissé de l'oyant-compte, dix jours au moins avant le traité

467. Si le compte donne lieu à des contestations, elles seront poursuivies, et jugées comme

les autres contestations en matière civile.

468. La somme à laquelle s'élèvera le reliquat dû par le tuteur portera intérêt, sans demande, à compter de la clôture du compte.

Les intérêts de ce qui sera dû au tuteur par le mineur, ne courront que du jour de la sommation de payer qui aura suivi la clôture du compte.

469. Toute action du mineur contre son tuteur relativement aux faits de la tutelle, se prescrit par dix ans, à compter de la majorité.

C H A P I T R E I I I..

De l'Émancipation.

470. Le mineur est émancipé de plein droit par le mariage.

471. Le mineur, même non marié, pourra être émancipé par son père, ou, à défaut de père, par sa mère, lorsqu'il aura atteint l'âge de quinze ans révolus.

Cette émancipation s'opérera par la seule déclaration du père ou de la mère, reçue par le juge de paix assisté de son greffier.

472. Le mineur resté sans père ni mère pourra aussi, mais seulement à l'âge de dix-huit ans

accomplis, être émancipé, si le conseil de famille l'en juge capable.

En ce cas, l'émancipation résultera de la délibération qui l'aura autorisée, et de la déclaration que le juge de paix, comme président du conseil de famille, aura faite dans le même acte, *que le mineur est émancipé.*

473. Lorsque le tuteur n'aura fait aucune diligence pour l'émancipation du mineur dont il est parlé dans l'article précédent, et qu'un ou plusieurs parens ou alliés de ce mineur, au degré de cousin germain ou à des degrés plus proches, le jugeront capable d'être émancipé, ils pourront requérir le juge de paix de convoquer le conseil de famille pour délibérer à ce sujet.

Le juge de paix devra déférer à cette réquisition.

474. Le compte de tutelle sera rendu au mineur émancipé, assisté d'un curateur qui lui sera nommé par le conseil de famille.

475. Le mineur émancipé passera les baux dont la durée n'excédera point neuf ans ; il recevra ses revenus, en donnera décharge, et fera tous les actes qui ne sont que de pure administration, sans être restituable contre ces actes dans tous les cas où le majeur ne le serait pas lui-même.

476. Il ne pourra intenter une action immo-
bilière, ni y défendre, même recevoir et donner
décharge d'un capital mobilier, sans l'assistance
de son curateur, qui , au dernier cas , sur-
veillera l'emploi du capital reçu.

477. Le mineur émancipé ne pourra faire
d'emprunts , sous aucun prétexte , sans une
délibération du conseil de famille homologuée
par le tribunal civil , après avoir entendu le
commissaire du Gouvernement.

478. Il ne pourra non plus vendre ni aliéner
ses immeubles, ni faire aucun acte autre que
ceux de pure administration , sans observer les
formes prescrites au mineur non émancipé.

. A l'égard des obligations qu'il aurait contractées par voie d'achats ou autrement, elles seront
réductibles en cas d'excès : les tribunaux pren-
dront, à ce sujet, en considération , la fortune
du mineur , la bonne ou mauvaise foi des personnes qui auront contracté avec lui , l'utilité
ou l'inutilité des dépenses.

479. Tout mineur émancipé dont les enga-
gemens auraient été réduits en vertu de l'article
précédent , pourra être privé du bénéfice de
l'émancipation , laquelle lui sera retirée e'

suivant les mêmes formes que celles qui auront eu lieu pour la lui conférer.

480. Dès le jour où l'émancipation aura été révoquée, le mineur rentrera en tutelle et y restera jusqu'à sa majorité accomplie.

481. Le mineur émancipé qui fait un commerce, est réputé majeur pour les faits relatifs à ce commerce.

Loi du 8 germinal an 11, promulguée à Paris le 18.

TITRE XI.

De la Majorité, de l'Interdiction et du Conseil judiciaire.

CHAPITRE PREMIER.

De la Majorité.

482. La majorité est fixée à vingt-un ans accomplis; à cet âge on est capable de tous les actes de la vie civile, sauf la restriction portée au titre *du Mariage.*

CHAPITRE II.

De l'Interdiction.

483. Le majeur qui est dans un état habituel d'imbécillité, de démence ou de fureur, doit être interdit, même lorsque cet état présente des intervalles lucides.

484. Tout parent est recevable à provoquer l'interdiction de son parent; il en est de même de l'un des époux à l'égard de l'autre.

485. Dans le cas de fureur, si l'interdiction n'est provoquée ni par l'époux ni par les parens, elle doit l'être par le commissaire du gouvernement, qui, dans les cas d'imbécillité ou de démence, peut aussi la provoquer contre un individu qui n'a ni époux, ni épouse, ni parent connu.

486. Toute demande en interdiction sera portée devant le tribunal de première instance.

487. Les faits d'imbécillité, de démence ou de fureur, seront articulés par écrit. Ceux qui poursuivront l'interdiction présenteront les témoins et les pièces.

488. Le tribunal ordonnera que le conseil de famille, formé selon le mode déterminé à la section IV du chapitre II du titre *de la Minorité, de la Tutelle et de l'Émancipation*, donne son avis sur l'état de la personne dont l'interdiction est demandée.

489. Ceux qui auront provoqué l'interdiction ne pourront faire partie du conseil de famille : cependant l'époux ou l'épouse et les enfans de la personne dont l'interdiction sera provoquée, pourront y être admis sans y avoir voix délibérative.

490. Après avoir reçu l'avis du conseil de

famille , le tribunal interrogera le défendeur à la chambre du conseil ; s'il ne peut s'y présenter , il sera interrogé dans sa demeure, par l'un des juges à ce commis, assisté du greffier. Dans tous les cas , le commissaire du gouvernement sera présent à l'interrogatoire.

491. Après le premier interrogatoire , le tribunal commettra , s'il y a lieu, un administrateur provisoire pour prendre soin de la personne et des biens du défendeur.

492. Le jugement sur une demande en interdiction, ne pourra être rendu qu'à l'audience publique , les parties entendues ou appelées.

493. En rejetant la demande en interdiction, le tribunal pourra néanmoins, si les circonstances l'exigent, ordonner que le défendeur ne pourra désormais plaider, transiger, emprunter , recevoir un capital mobilier ni en donner décharge, aliéner, ni grever ses biens d'hypothèques, sans l'assistance d'un conseil qui lui sera nommé par le même jugement.

494. En cas d'appel du jugement rendu en première instance, le tribunal d'appel pourra, s'il le juge nécessaire , interroger de nouveau, ou faire interroger par un commissaire, la personne dont l'interdiction est demandée.

495. Tout jugement portant interdiction ou nomination d'un conseil, sera, à la diligence des demandeurs, levé, signifié à partie, et inscrit, dans les dix jours, sur les tableaux qui doivent être affichés dans la salle de l'auditoire, et dans les études des notaires de l'arrondissement.

496. L'interdiction ou la nomination d'un conseil aura son effet du jour du jugement. Tous actes passés postérieurement par l'interdit, ou sans l'assistance du conseil, seront nuls de droit.

497. Les actes antérieurs à l'interdiction pourront être annullés, si la cause de l'interdiction existait notoirement à l'époque où ces actes ont été faits.

498. Après la mort d'un individu, les actes par lui faits ne pourront être attaqués pour cause de démence, qu'autant que son interdiction aurait été prononcée ou provoquée avant son décès, à moins que la preuve de la démence ne résulte de l'acte même qui est attaqué.

499. S'il n'y a pas d'appel du jugement d'interdiction rendu en première instance, ou s'il est confirmé sur l'appel, il sera pourvu à la nomination d'un tuteur et d'un subrogé tuteur à l'in-

terdit, suivant les règles prescrites au titre *de la Minorité, de la Tutelle et de l'Emancipation.* L'administrateur provisoire cessera ses fonctions, et rendra compte au tuteur, s'il ne l'est pas lui-même.

500. Le mari est, de droit, le tuteur de sa femme interdite.

501. La femme pourra être nommée tutrice de son mari. En ce cas, le conseil de famille réglera la forme et les conditions de l'administration ; sauf le recours devant les tribunaux, de la part de la femme qui se croirait lésée par l'arrété de la famille.

502. Nul, à l'exception des époux, des ascendans et descendans, ne sera tenu de conserver la tutelle d'un interdit au-delà de dix ans. A l'expiration de ce délai, le tuteur pourra demander et devra obtenir son remplacement.

503. L'interdit est assimilé au mineur, pour sa personne et pour ses biens : les lois sur la tutelle des mineurs s'appliqueront à la tutelle des interdits.

504. Les revenus d'un interdit doivent être essentiellement employés à adoucir son sort et à accélérer sa guérison. Selon les caractères de sa maladie et l'état de sa fortune, le conseil de fa-

mille pourra arrêter qu'il sera traité dans son domicile , ou qu'il sera placé dans une maison de santé , et même dans un hospice.

505. Lorsqu'il sera question du mariage de l'enfant d'un interdit , la dot, ou l'avancement d'hoirie , et les autres conventions matrimoniales , seront réglés par un avis du conseil de famille , homologué par le tribunal sur les conclusions du commissaire du Gouvernement.

506. L'interdiction cesse avec les causes qui l'ont déterminée : néanmoins la main-levée ne sera prononcée qu'en observant les formalités prescrites pour parvenir à l'interdiction , et l'interdit ne pourra reprendre l'exercice de ses droits qu'après le jugement de main-levée.

C H A P I T R E   I I I.

Du Conseil judiciaire.

507. Il peut être défendu aux prodigues de plaider, de transiger, d'emprunter, de recevoir un capital mobilier, et d'en donner décharge, d'aliéner, ni de grever leurs biens d'hypothèques, sans l'assistance d'un conseil qui leur est nommé par le tribunal.

508. La défense de procéder sans l'assistance d'un conseil, peut être provoquée par ceux qui

ont droit de demander l'interdiction ; leur demande doit être instruite et jugée de la même manière.

Cette défense ne peut être levée qu'en observant les mêmes formalités.

509. Aucun jugement en matière d'interdiction ou de nomination de conseil, ne pourra être rendu, soit en première instance, soit en cause d'appel, que sur les conclusions du commissaire du Gouvernement.

FIN DU LIVRE PREMIER.

LIVRE III
DU CODE CIVIL.

*Des différentes Manières dont on acquiert
la Propriété.*

Art. 1er. La propriété des biens s'acquiert
et se transmet par succession, par donation
entre-vifs ou testamentaire, et par l'effet des
obligations.

2. La propriété s'acquiert aussi par accession ou incorporation, et par prescription.

3. Les biens qui n'ont pas de maître, appartiennent à la nation.

4. Il est des choses qui n'appartiennent à
personne et dont l'usage est commun à tous.

Des lois de police règlent la manière d'en
jouir.

5. La faculté de chasser ou de pêcher est
également réglée par des lois particulières.

6. La propriété d'un trésor appartient à
celui qui le trouve dans son propre fonds : si

L. III.   1 *

lo trésor est trouvé dans lo fonds d'autrui, il appartient pour moitié à celui qui l'a découvert, et pour l'autro moitié au propriétaire du fonds.

Lo trésor est toute chose cachée ou enfouio sur laquelle personne no peut justifier sa propriété, et qui est découverto par lo pur effet du hasard.

7. Les droits sur les effets jetés à la mer, sur les objets quo la mer rejette, do quelque naturo qu'ils puissent être, sur les plantes et herbages qui croissent sur les rivages de la mer, sont aussi réglés par des lois particulières.

Il en est de même des choses perdues dont lo maître no so représente pas.

TITRE PREMIER.

Des Successions.

CHAPITRE PREMIER.

De l'Ouverture des Successions, et de la Saisine des héritiers.

8. Les successions s'ouvrent par la mort naturelle et par la mort civile.

9. La succession est ouverte par la mort civile, du moment où cette mort est encourue, conformément aux dispositions de la loi sur la privation des droits civils par suite de condamnations judiciaires.

10. Si plusieurs personnes respectivement appelées à la succession l'une de l'autre, périssent dans un même événement sans qu'on puisse reconnaître laquelle est décédée la première, la présomption de survie est déterminée par les circonstances du fait, et, à leur défaut, par la force de l'âge ou du sexe.

11. Si ceux qui ont péri ensemble, avaient moins de quinze ans, le plus âgé sera présumé avoir survécu.

S'ils étaient tous au-dessus de soixante ans, le moins âgé sera présumé avoir survécu.

Si les uns avaient moins de quinze ans et les autres plus de soixante, les premiers seront présumés avoir survécu.

12. Si ceux qui ont péri ensemble, avaient quinze ans accomplis et moins de soixante, le mâle est toujours présumé avoir survécu, lorsqu'il y a égalité d'âge, ou si la différence qui existe n'excède pas une année.

S'ils étaient du même sexe, la présomption

de survie qui donne ouverture à la succession dans l'ordre de la nature, doit être admise ; ainsi le plus jeune est présumé avoir survécu au plus âgé.

13. La loi règle l'ordre de succéder entre les héritiers légitimes : à leur défaut, les biens passent aux enfans naturels, ensuite à l'époux survivant ; et s'il n'y en a pas, à la République.

14. Les héritiers légitimes sont saisis de plein droit des biens, droits et actions du défunt, sous l'obligation d'acquitter toutes les charges de la succession : les enfans naturels, l'époux survivant et la République, doivent se faire envoyer en possession par justice dans les formes qui seront déterminées.

CHAPITRE II.

Des Qualités requises pour succéder.

15. Pour succéder, il faut nécessairement exister à l'instant de l'ouverture de la succession.

Ainsi, sont incapables de succéder,

1°. Celui qui n'est pas encore conçu ;

2°. L'enfant qui n'est pas né viable ;

3°. Celui qui est mort civilement.

16. Un étranger n'est admis à succéder aux

biens que son parent, étranger ou Français, possède dans le territoire de la République, que dans les cas et de la manière dont un Français succède à son parent possédant des biens dans le pays de cet étranger, conformément aux dispositions du titre relatif *à la Jouissance des droits civils.*

17. Sont indignes de succéder, et comme tels exclus des successions,

1°. Celui qui serait condamné pour avoir donné ou tenté de donner la mort au défunt ;

2°. Celui qui a porté contre le défunt une accusation capitale jugée calomnieuse ;

3°. L'héritier majeur qui, instruit du meurtre du défunt, ne l'aura pas dénoncé à la justice.

18. Le défaut de dénonciation ne peut être opposé aux ascendans et descendans du meurtrier, ni à ses alliés au même degré, ni à son époux ou à son épouse, ni à ses frères ou sœurs, ni à ses oncles et tantes, ni à ses neveux et nièces.

19. L'héritier exclu de la succession pour cause d'indignité, est tenu de rendre tous les fruits et les revenus dont il a eu la jouissance depuis l'ouverture de la succession.

20. Les enfans de l'indigne, venant à la succession de leur chef, et sans le secours de la représentation, ne sont pas exclus pour la faute de leur père ; mais celui-ci ne peut, en aucun cas, réclamer, sur les biens de cette succession, l'usufruit que la loi accorde aux pères et mères sur les biens de leurs enfans.

CHAPITRE III.

Des divers Ordres de Succession.

SECTION PREMIÈRE.

Dispositions générales.

21. Les successions sont déférées aux enfans et descendans du défunt, à ses ascendans et à ses parens collatéraux, dans l'ordre et suivant les règles ci-après déterminés.

22. La loi ne considère ni la nature ni l'origine des biens pour en régler la succession.

23. Toute succession échue à des ascendans ou à des collatéraux, se divise en deux parts égales ; l'une pour les parens de la ligne paternelle, l'autre pour les parens de la ligne maternelle.

Les parens utérins ou consanguins ne sont

pas exclus par les germains ; mais ils ne prennent part que dans leur ligne, sauf ce qui sera dit ci-après à l'article 42. Les germains prennent part dans les deux lignes.

Il ne se fait aucune dévolution d'une ligne à l'autre, que lorsqu'il ne se trouve aucun ascendant ni collatéral de l'une des deux lignes.

24. Cette première division opérée entre les lignes paternelle et maternelle, il ne se fait plus de division entre les diverses branches ; mais la moitié dévolue à chaque ligne appartient à l'héritier ou aux héritiers les plus proches en degré, sauf le cas de la représentation, ainsi qu'il sera dit ci-après.

25. La proximité de parenté s'établit par le nombre des générations ; chaque génération s'appelle un *degré*.

26. La suite des degrés forme la ligne : on appelle *ligne directe* la suite des degrés entre personnes qui descendent l'une de l'autre ; *ligne collatérale*, la suite des degrés entre personnes qui ne descendent pas les unes des autres, mais qui descendent d'un auteur commun.

On distingue la ligne directe, en ligne

directe descendante et ligne directe ascendante.

La première est celle qui lie le chef avec ceux qui descendent de lui ; la deuxième est celle qui lie une personne avec ceux dont il descend.

27. En ligne directe on compte autant de degrés qu'il y a de générations entre les personnes : ainsi le fils est, à l'égard du père, au premier degré ; le petit-fils au second ; et réciproquement du père et de l'aïeul à l'égard des fils et petits-fils.

28. En ligne collatérale, les degrés se comptent par les générations, depuis l'un des parens jusques et non compris l'auteur commun, et depuis celui-ci jusqu'à l'autre parent.

Ainsi, deux frères sont au deuxième degré ; l'oncle et le neveu sont au troisième degré ; les cousins-germains au quatrième ; ainsi de suite.

SECTION II.

De la Représentation.

29. La représentation est une fiction de la loi, dont l'effet est de faire entrer les représentans dans la place, dans le degré et dans les droits du représenté.

30. La représentation a lieu à l'infini dans la ligne directe descendante.

Elle est admise dans tous les cas, soit que les enfans du défunt concourent avec les descendans d'un enfant prédécédé, soit que tous les enfans du défunt étant morts avant lui, les descendans desdits enfans se trouvent entre eux en degrés égaux ou inégaux.

31. La représentation n'a pas lieu en faveur des ascendans; le plus proche, dans chacune des deux lignes, exclut toujours le plus éloigné.

32. En ligne collatérale, la représentation est admise en faveur des enfans et descendans de frères ou sœurs du défunt, soit qu'ils viennent à sa succession concurremment avec des oncles ou tantes, soit que tous les frères et sœurs du défunt étant prédécédés, la succession se trouve dévolue à leurs descendans en degrés égaux ou inégaux.

33. Dans tous les cas où la représentation est admise, le partage s'opère par souche : si une même souche a produit plusieurs branches, la subdivision se fait aussi par souche dans chaque branche, et les membres de la même branche partagent entre eux par tête.

34. On ne représente pas les personnes

vivantes, mais seulement celles qui sont mortes naturellement ou civilement.

On peut représenter celui à la succession duquel on a renoncé.

SECTION III.

Des Successions déférées aux Descendans.

35. Les enfans ou leurs descendans succèdent à leurs père et mère, aïeuls, aïeules, ou autres ascendans, sans distinction de sexe ni de primogéniture, et encore qu'ils soient issus de différens mariages.

Ils succèdent par égales portions et par tête, quand ils sont tous au premier degré et appelés de leur chef : ils succèdent par souche, lorsqu'ils viennent tous ou en partie par représentation.

SECTION IV.

Des Successions déférées aux Ascendans.

36. Si le défunt n'a laissé ni postérité, ni frère, ni sœur, ni descendans d'eux, la succession se divise par moitié entre les ascendans de la ligne paternelle et les ascendans de la ligne maternelle.

L'ascendant qui se trouve au degré le plus proche, recueille la moitié affectée à sa ligne, à l'exclusion de tous autres.

Les ascendans au même degré succèdent par tête.

37. Les ascendans succèdent, à l'exclusion de tous autres, aux choses par eux données à leurs enfans ou descendans décédés sans postérité, lorsque les objets donnés se retrouvent en nature dans la succession.

Si les objets ont été aliénés, les ascendans recueillent le prix qui peut en être dû. Ils succèdent aussi à l'action en reprise que pouvait avoir le donataire.

38. Lorsque les père et mère d'une personne morte sans postérité lui ont survécu, si elle a laissé des frères, sœurs, ou des descendans d'eux, la succession se divise en deux portions égales, dont moitié seulement est déférée au père et à la mère, qui la partagent entre eux également.

L'autre moitié appartient aux frères, sœurs ou descendans d'eux, ainsi qu'il sera expliqué dans la section *des Successions collatérales*.

39. Dans le cas où la personne morte sans postérité laisse des frères, sœurs, ou des

descendans d'eux, si le père ou la mère est prédécédé, la portion qui lui aurait été dévolue conformément au précédent article, se réunit à la moitié déférée aux frères, sœurs ou à leurs représentans, ainsi qu'il sera ci-après expliqué.

SECTION V.

Des Successions collatérales.

40. En cas de prédécès des père et mère d'une personne morte sans postérité, ses frères, sœurs ou leurs descendans sont appelés, à l'exclusion des ascendans et des autres collatéraux.

Ils succèdent, ou de leur chef, ou par représentation, ainsi qu'il a été réglé dans la section *de la Représentation.*

41. Si les père et mère de la personne morte sans postérité lui ont survécu, ses frères, sœurs ou leurs représentans ne sont appelés qu'à la moitié de la succession. Si le père ou la mère seulement a survécu, ils sont appelés à recueillir les trois quarts.

42. Le partage de la moitié ou des trois quarts dévolus aux frères ou sœurs, aux termes de l'article précédent, s'opère entre eux par

égales portions, s'ils sont tous du même lit; s'ils sont de lits différens, la division se fait par moitié entre les deux lignes paternelle et maternelle du défunt; les germains prennent part dans les deux lignes, et les utérins et consanguins chacun dans leur ligne seulement: s'il n'y a de frères ou sœurs que d'un côté, ils succèdent à la totalité, à l'exclusion de tous autres parens de l'autre ligne.

43. A défaut de frères ou sœurs ou de descendans d'eux, et à défaut d'ascendans dans l'une ou l'autre ligne, la succession est déférée pour moitié aux ascendans survivans; et pour l'autre moitié aux parens les plus proches de l'autre ligne.

S'il y a concours de parens collatéraux au même degré, ils partagent par tête.

44. Dans le cas de l'article précédent, le père ou la mère survivant a l'usufruit du tiers des biens auxquels il ne succède pas en propriété.

45. Les parens au-delà du douzième degré ne succèdent pas.

A défaut de parens au degré successible dans une ligne, les parens de l'autre ligne succèdent pour le tout.

L. III.   2 *

CHAPITRE IV.

Des Successions irrégulières.

SECTION PREMIÈRE.

Des Droits des Enfans naturels sur les biens de leur père ou mère, et de la Succession aux Enfans naturels décédés sans postérité.

46. Les enfans naturels ne sont point héritiers ; la loi ne leur accorde de droits sur les biens de leur père ou mère décédés, que lorsqu'ils ont été légalement reconnus. Elle ne leur accorde aucun droit sur les biens des parens de leur père ou mère.

47. Le droit de l'enfant naturel sur les biens de ses père ou mère décédés est réglé ainsi qu'il suit:

Si le père ou la mère a laissé des descendans légitimes, ce droit est d'un tiers de la portion héréditaire que l'enfant naturel aurait eue s'il eût été légitime : il est de la moitié lorsque les père ou mère ne laissent pas de descendans, mais bien des ascendans ou des frères ou sœurs ; il est des trois quarts lorsque les père ou mère ne laissent ni descendans ni ascendans, ni frères ni sœurs.

48. L'enfant naturel a droit à la totalité des biens, lorsque ses père ou mère ne laissent pas de parens au degré successible.

49. En cas de prédécès de l'enfant naturel, ses enfans ou descendans peuvent réclamer les droits fixés par les articles précédens.

50. L'enfant naturel ou ses descendans sont tenus d'imputer, sur ce qu'ils ont droit de prétendre, tout ce qu'ils ont reçu du père ou de la mère dont la succession est ouverte, et qui serait sujet à rapport, d'après les règles établies au chapitre VI, section des *Rapports*.

51. Toute réclamation leur est interdite, lorsqu'ils ont reçu, du vivant de leur père ou de leur mère, la moitié de ce qui leur est attribué par les articles précédens, avec déclaration expresse, de la part de leur père ou mère, que leur intention est de réduire l'enfant naturel à la portion qu'ils lui ont assignée.

Dans le cas où cette portion serait inférieure à la moitié de ce qui devrait revenir à l'enfant naturel, il ne pourra réclamer que le supplément nécessaire pour parfaire cette moitié.

52. Les dispositions des articles 47 et 48 ne

sont pas applicables aux enfans adultérins où incestueux.

La loi ne leur accorde que des alimens.

53. Ces alimens sont réglés, eu égard aux facultés du père ou de la mère, au nombre et à la qualité des héritiers légitimes.

54. Lorsque le père ou la mère de l'enfant adultérin ou incestueux lui auront fait apprendre un art mécanique, ou lorsque l'un d'eux lui aura assuré des alimens de son vivant, l'enfant ne pourra élever aucune réclamation contre leur succession.

55. La succession de l'enfant naturel décédé sans postérité, est dévolue au père ou à la mère qui l'a reconnu ; ou par moitié à tous les deux, s'il a été reconnu par l'un et par l'autre.

56. En cas de prédécès des père et mère de l'enfant naturel, les biens qu'il en avait reçus, passent aux frères ou sœurs légitimes, s'ils se retrouvent en nature dans la succession : les actions en reprise, s'il en existe, ou le prix de ces biens aliénés, s'il est encore dû, retournent également aux frères et sœurs légitimes. Tous les autres biens passent aux frères et sœurs naturels ou à leurs descendans.

SECTION II.

Des Droits du Conjoint survivant et de la République.

57. Lorsque le défunt ne laisse ni parens au degré successible, ni enfans naturels, les biens de sa succession appartiennent au conjoint non divorcé qui lui survit.

58. A défaut de conjoint survivant, la succession est acquise à la République.

59. Le conjoint survivant et l'administration des domaines qui prétendent droit à la succession, sont tenus de faire apposer les scellés, et de faire faire inventaire dans les formes prescrites pour l'acceptation des successions sous bénéfice d'inventaire.

60. Ils doivent demander l'envoi en possession, au tribunal de première instance dans le ressort duquel la succession est ouverte. Le tribunal ne peut statuer sur la demande qu'après trois publications et affiches dans les formes usitées, et après avoir entendu le commissaire du Gouvernement.

61. L'époux survivant est encore tenu de faire emploi du mobilier, ou de donner caution suffisante pour en assurer la restitution,

au cas où il se présenterait des héritiers du défunt, dans l'intervalle de trois ans : après ce délai, la caution est déchargée.

62. L'époux survivant ou l'administration des domaines qui n'auraient pas rempli les formalités qui leur sont respectivement prescrites , pourront être condamnés aux dommages et intérêts des héritiers, s'il s'en représente.

63. Les dispositions des articles 59, 60, 61 et 62, sont communes aux enfans naturels appelés à défaut de parens.

CHAPITRE V.

De l'Acceptation et de la Répudiation des Successions.

SECTION PREMIÈRE.

De l'Acceptation.

64. Une succession peut être acceptée purement et simplement, ou sous bénéfice d'inventaire.

65. Nul n'est tenu d'accepter une succession qui lui est échue.

66. Les femmes mariées ne peuvent pas

valablement accepter une succession sans l'autorisation de leur mari ou de justice, conformément aux dispositions de la loi sur les droits et les devoirs respectifs des époux.

Les successions échues aux mineurs et aux interdits ne pourront être valablement acceptées que conformément aux dispositions de la loi sur *les Tutelles*.

67. L'effet de l'acceptation remonte au jour de l'ouverture de la succession.

68. L'acceptation peut être expresse ou tacite ; elle est expresse, quand on prend le titre ou la qualité d'héritier dans un acte authentique ou privé ; elle est tacite, quand l'héritier fait un acte qui suppose nécessairement son intention d'accepter, et qu'il n'aurait droit de faire qu'en sa qualité d'héritier.

69. Les actes purement conservatoires, de surveillance et d'administration provisoire ne sont pas des actes d'adition d'hérédité, si l'on n'y a pas pris le titre ou la qualité d'héritier.

70. La donation, vente ou transport que fait de ses droits successifs un des cohéritiers, soit à un étranger, soit à tous ses cohéritiers, soit à quelques-uns d'eux, emporte de sa part acceptation de la succession.

Il en est de même 1°. de la renonciation, même gratuite, que fait un des héritiers au profit d'un ou de plusieurs de ses cohéritiers;

2°. De la renonciation qu'il fait même au profit de tous ses cohéritiers indistinctement, lorsqu'il reçoit le prix de sa renonciation.

71. Lorsque celui à qui une succession est échue, est décédé sans l'avoir répudiée ou sans l'avoir acceptée expressément ou tacitement, ses héritiers peuvent l'accepter ou la répudier de son chef.

72. Si ces héritiers ne sont pas d'accord pour accepter ou pour répudier la succession, elle doit être acceptée sous bénéfice d'inventaire.

73. Le majeur ne peut attaquer l'acceptation expresse ou tacite qu'il a faite d'une succession, que dans le cas où cette acceptation aurait été la suite d'un dol pratiqué envers lui : il ne peut jamais réclamer sous prétexte de lésion, excepté seulement dans le cas où la succession se trouverait absorbée ou diminuée de plus de moitié, par la découverte d'un testament inconnu au moment de l'acceptation.

SECTION II.

De la Renonciation aux Successions.

74. La renonciation à une succession ne se présume pas : elle ne peut plus être faite qu'au greffe du tribunal de première instance dans l'arrondissement duquel la succession s'est ouverte, sur un registre particulier tenu à cet effet.

75. L'héritier qui renonce est censé n'avoir jamais été héritier.

76. La part du renonçant accroît à ses cohéritiers ; s'il est seul, elle est dévolue au degré subséquent.

77. On ne vient jamais par représentation d'un héritier qui a renoncé : si le renonçant est seul héritier de son degré, ou si tous ses cohéritiers renoncent, les enfans viennent de leur chef et succèdent par tête.

78. Les créanciers de celui qui renonce au préjudice de leurs droits, peuvent se faire autoriser en justice à accepter la succession du chef de leur débiteur, en son lieu et place.

Dans ce cas, la renonciation n'est annullée qu'en faveur des créanciers, et jusqu'à concurrence seulement de leurs créances ; elle ne l'est pas au profit de l'héritier qui a renoncé.

79. La faculté d'accepter ou de répudier une succession, se prescrit par un laps de temps requis pour la prescription la plus longue des droits immobiliers.

80. Tant que la prescription du droit d'accepter n'est pas acquise contre les héritiers qui ont renoncé, ils ont la faculté d'accepter encore la succession, si elle n'a pas déjà été acceptée par d'autres héritiers ; sans préjudice néanmoins des droits qui peuvent être acquis à des tiers sur les biens de la succession, soit par prescription, soit par actes valablement faits avec le curateur à la succession vacante.

81. On ne peut, même par contrat de mariage, renoncer à la succession d'un homme vivant, ni aliéner les droits éventuels qu'on peut avoir à cette succession.

82. Les héritiers qui auraient diverti ou recélé des effets d'une succession, sont déchus de la faculté d'y renoncer : ils demeurent héritiers purs et simples, nonobstant leur renonciation, sans pouvoir prétendre aucune part dans les objets divertis ou recelés.

SECTION III.

Du Bénéfice d'inventaire, de ses Effets, et des Obligations de l'Héritier bénéficiaire.

83. La déclaration d'un héritier, qu'il entend ne prendre cette qualité que sous bénéfice d'inventaire, doit être faite au greffe du tribunal civil de première instance dans l'arrondissement duquel la succession s'est ouverte : elle doit être inscrite sur le registre destiné à recevoir les actes de renonciation.

84. Cette déclaration n'a d'effet qu'autant qu'elle est précédée ou suivie d'un inventaire fidèle et exact des biens de la succession, dans les formes réglées par le code de la procédure civile, et dans les délais qui seront ci-après déterminés.

85. L'héritier a trois mois pour faire inventaire, à compter du jour de l'ouverture de la succession.

Il a de plus, pour délibérer sur son acceptation ou sur sa renonciation, un délai de quarante jours, qui commencent à courir du jour de l'expiration des trois mois donnés pour l'inventaire, ou du jour de la clôture de l'inventaire, s'il a été terminé avant les trois mois.

86. Si cependant il existe dans la succession des objets susceptibles de dépérir ou dispendieux à conserver, l'héritier peut, en sa qualité d'habile à succéder, et sans qu'on puisse en induire de sa part une acceptation, se faire autoriser par justice à procéder à la vente de ces effets.

Cette vente doit être faite par officier public, d'après les affiches et publications réglées par le code de la procédure civile.

87. Pendant la durée des délais pour faire inventaire et pour délibérer, l'héritier ne peut être contraint à prendre qualité, et il ne peut être obtenu contre lui de condamnation : s'il renonce lorsque les délais sont expirés ou avant, les frais par lui faits légitimement jusqu'à cette époque, sont à la charge de la succession.

88. Après l'expiration des délais ci-dessus, l'héritier, en cas de poursuite dirigée contre lui, peut en demander un nouveau, que le tribunal saisi de la contestation accorde ou refuse suivant les circonstances.

89. Les frais de poursuite, dans le cas de l'article précédent, sont à la charge de la succession, si l'héritier justifie, ou qu'il n'avait

pas eu connaissance du décès, ou que les délais ont été insuffisans, soit à raison de la situation des biens, soit à raison des contestations survenues : s'il n'en justifie pas, les frais restent à sa charge personnelle.

90. L'héritier conserve néanmoins, après l'expiration des délais accordés par l'article 85, même de ceux donnés par le juge conformément à l'article 88, la faculté de faire encore inventaire et de se porter héritier bénéficiaire, s'il n'a pas fait d'ailleurs acte d'héritier, ou s'il n'existe pas contre lui de jugement passé en force de chose jugée, qui le condamne en qualité d'héritier pur et simple.

91. L'héritier qui s'est rendu coupable de recelé, ou qui a omis sciemment et de mauvaise foi de comprendre dans l'inventaire, des effets de la succession, est déchu du bénéfice d'inventaire.

92. L'effet du bénéfice d'inventaire est de donner à l'héritier l'avantage,

1°. De n'être tenu du paiement des dettes de la succession qu'à concurrence de la valeur des biens qu'il a recueillis, même de pouvoir se décharger du paiement des dettes en abandonnant tous les biens de la succession aux créanciers et aux légataires;

2°. De ne pas confondre ses biens personnels avec ceux de la succession, et de conserver contre elle le droit de réclamer le paiement de ses créances.

93. L'héritier bénéficiaire est chargé d'administrer les biens de la succession, et doit rendre compte de son administration aux créanciers et aux légataires.

Il ne peut être contraint sur ses biens personnels qu'après avoir été mis en demeure de présenter son compte, et faute d'avoir satisfait à cette obligation.

Après l'apurement du compte, il ne peut être contraint sur ses biens personnels, que jusqu'à concurrence seulement des sommes dont il se trouve reliquataire.

94. Il n'est tenu que des fautes graves dans l'administration dont il est chargé.

95. Il ne peut vendre les meubles de la succession que par le ministère d'un officier public, aux enchères, et après les affiches et publications accoutumées.

S'il les représente en nature, il n'est tenu

que de la dépréciation ou de la détérioration causée par sa négligence.

96. Il ne peut vendre les immeubles que dans les formes prescrites par le code de la procédure civile; il est tenu d'en déléguer le prix aux créanciers hypothécaires qui se sont fait connaître.

97. Il est tenu, si les créanciers ou autres personnes intéressées l'exigent, de donner caution bonne et solvable de la valeur du mobilier compris dans l'inventaire, et de la portion du prix des immeubles non déléguée aux créanciers hypothécaires.

Faute par lui de fournir cette caution, les meubles sont vendus, et leur prix est déposé, ainsi que la portion non déléguée du prix des immeubles, pour être employé à l'acquit des charges de la succession.

98. S'il y a des créanciers opposans, l'héritier bénéficiaire ne peut payer que dans l'ordre et de la manière réglés par le juge.

S'il n'y a pas de créanciers opposans, il paie les créanciers et les légataires à mesure qu'ils se présentent.

99. Les créanciers non opposans qui ne se présentent qu'après l'apurement du compte et

le paiement du reliquat, n'ont de recours à
exercer que contre les légataires.

Dans l'un et l'autre cas, le recours se prescrit par le laps de trois ans, à compter du
jour de l'apurement du compte et paiement du
reliquat.

100. Les frais de scellés, s'il en a été apposés, d'inventaire et de compte, sont à la
charge de la succession.

S E C T I O N I V.

Des Successions vacantes.

101. Lorsqu'après l'expiration des délais
pour faire inventaire et pour délibérer, il ne
se présente personne qui réclame une succession, qu'il n'y a point d'héritier connu, ou que
les héritiers connus y ont renoncé, cette succession est réputée vacante.

102. Le tribunal de première instance dans
l'arrondissement duquel elle est ouverte, nomme
un curateur sur la demande des personnes intéressées, ou sur la réquisition du commissaire
du Gouvernement.

103. Le curateur à une succession vacante
est tenu, avant tout, d'en faire constater l'état

par un inventaire : il en exerce et poursuit les droits ; il répond aux demandes formées contre elle ; il administre, sous la charge de faire verser le numéraire qui se trouve dans la succession, ainsi que les deniers provenant du prix des meubles ou immeubles vendus, dans la caisse du receveur de la régie nationale, pour la conservation des droits, et à la charge de rendre compte à qui il appartiendra.

104. Les dispositions de la section III, sur les formes de l'inventaire, sur le mode d'administration, et sur les comptes à rendre de la part de l'héritier bénéficiaire, sont au surplus communes aux curateurs à successions vacantes.

CHAPITRE VI.

Du Partage et des Rapports.

SECTION PREMIÈRE.

De l'Action en partage, et de sa forme.

105. Nul ne peut être contraint à demeurer dans l'indivision ; et le partage peut être toujours provoqué, nonobstant prohibitions et conventions contraires.

On peut cependant convenir de suspendre

le partage pendant un temps limité : cette convention ne peut être obligatoire au-delà de cinq ans, mais elle peut être renouvelée.

106. Le partage peut être demandé, même quand l'un des cohéritiers aurait joui séparément de partie des biens de la succession, s'il n'y a eu un acte de partage, ou possession suffisante pour acquérir la prescription.

107. L'action en partage, à l'égard des cohéritiers mineurs ou interdits, peut être exercée par leurs tuteurs, spécialement autorisés par un conseil de famille.

À l'égard des cohéritiers absens, l'action appartient aux parens envoyés en possession.

108. Le mari peut, sans le concours de sa femme, provoquer le partage des objets meubles ou immeubles à elle échus qui tombent dans la communauté : à l'égard des objets qui ne tombent pas en communauté, le mari ne peut en provoquer le partage sans le concours de sa femme ; il peut seulement, s'il a le droit de jouir de ses biens, demander un partage provisionnel.

Les cohéritiers de la femme ne peuvent provoquer le partage définitif qu'en mettant en cause le mari et la femme.

109. Si tous les héritiers sont présens et majeurs, l'apposition de scellés sur les effets de
la succession n'est pas nécessaire , et le partage peut être fait dans la forme et par tel
acte que les parties intéressées jugent convenable.

Si tous les héritiers ne sont pas présens ,
s'il y a parmi eux des mineurs ou des interdits ,
le scellé doit être apposé dans le plus bref
délai, soit à la requête des héritiers , soit à
la diligence du commissaire du Gouvernement
près le tribunal de première instance , soit
d'office par le juge de paix dans l'arrondissement duquel la succession est ouverte.

110. Les créanciers peuvent aussi requérir
l'apposition des scellés , en vertu d'un titre
exécutoire ou d'une permission du juge.

111. Lorsque le scellé a été apposé , tous
créanciers peuvent y former opposition , encore
qu'ils n'aient ni titre exécutoire , ni permission
du juge.

Les formalités pour la levée des scellés et
la confection de l'inventaire , sont réglées par
le Code de la procédure civile.

112. L'action en partage , et les contestations qui s'élèvent dans le cours des opérations,

sont soumises au tribunal du lieu de l'ouverture de la succession.

C'est devant ce tribunal qu'il est procédé
aux licitations, et que doivent être portées les
demandes relatives à la garantie des lots entre
copartageans et celles en rescision du partage.

113. Si l'un des cohéritiers refuse de consentir au partage, ou s'il s'élève des contestations, soit sur le mode d'y procéder, soit sur
la manière de le terminer, le tribunal pro-
nonce comme en matière sommaire, ou com-
met, s'il y a lieu, pour les opérations du partage, un des juges, sur le rapport duquel il
décide les contestations.

114. L'estimation des immeubles est faite
par experts choisis par les parties intéressées,
ou, à leur refus, nommés d'office.

Le procès-verbal des experts doit présenter
les bases de l'estimation : il doit indiquer si
l'objet estimé peut être commodément partagé;
de quelle manière; fixer enfin, en cas de division, chacune des parts qu'on peut en former,
et leur valeur.

115. L'estimation des meubles, s'il n'y a
pas eu de prisée faite dans un inventaire ré-

gulier, doit être faite par gens à ce connais-
sant, à juste prix et sans crue.

116. Chacun des cohéritiers peut demander
sa part en nature des meubles et immeubles
de la succession: néanmoins, s'il y a des
créanciers saisissans ou opposans, ou si la
majorité des cohéritiers juge la vente nécessaire pour l'acquit des dettes et charges de la
succession, les meubles sont vendus publiquement en la forme ordinaire.

117. Si les immeubles ne peuvent pas se
partager commodément, il doit être procédé
à la vente par licitation devant le tribunal.

Cependant les parties, si elles sont toutes
majeures, peuvent consentir que la licitation
soit faite devant un notaire, sur le choix
duquel elles s'accordent.

118. Après que les meubles et immeubles
ont été estimés et vendus, s'il y a lieu, le
juge commissaire renvoie les parties devant
un notaire dont elles conviennent, ou nommé d'office si les parties ne s'accordent pas
sur le choix.

On procède devant cet officier au compte
que les copartageans peuvent se devoir, à la

formation de la masse générale, à la composition des lots, et aux fournissemens à faire à
chacun des copartageans.

119. Chaque cohéritier fait rapport à la
masse, suivant les règles qui seront ci-après
établies, des dons qui lui ont été faits, et des
sommes dont il est débiteur.

120. Si le rapport n'est pas fait en nature,
les cohéritiers à qui il est dû, prélèvent une
portion égale sur la masse de la succession.

Les prélèvemens se font, autant que possible, en objets de même nature, qualité et
bonté que les objets non rapportés en nature.

121. Après ces prélèvemens, il est procédé, sur ce qui reste dans la masse, à la
composition d'autant de lots égaux qu'il y a
d'héritiers copartageans, ou de souches copartageantes.

122. Dans la formation et composition des
lots, on doit éviter, autant que possible, de
morceler les héritages et de diviser les exploi-
tations ; et il convient de faire entrer dans
chaque lot, s'il se peut, la même quantité de
meubles, d'immeubles, de droits ou de créances
de même nature et valeur.

123. L'inégalité des lots en nature se compense par un retour, soit en rente, soit en argent.

124. Les lots sont faits par l'un des cohéritiers, s'ils peuvent convenir entre eux sur le choix, et si celui qu'ils avaient choisi accepte la commission : dans le cas contraire, les lots sont faits par un expert que le juge-commissaire désigne.

Ils sont ensuite tirés au sort.

125. Avant de procéder au tirage des lots, chaque copartageant est admis à proposer ses réclamations contre leur formation.

126. Les règles établies pour la division des masses à partager, sont également observées dans la subdivision à faire entre les souches copartageantes.

127. Si, dans les opérations renvoyées devant un notaire, il s'élève des contestations, le notaire dressera procès-verbal des difficultés et des dires respectifs des parties, les renverra devant le commissaire nommé pour le partage ; et au surplus, il sera procédé suivant les formes prescrites au Code de la procédure civile.

128. Si tous les cohéritiers ne sont pas présens, ou s'il y a parmi eux des interdits ou des mineurs, même émancipés, le partage doit être fait en justice conformément aux règles prescrites par les articles 109 et suivans, jusques et compris l'article précédent. S'il y a plusieurs mineurs qui aient des intérêts opposés dans le partage, il doit leur être donné à chacun un tuteur spécial et particulier

129. S'il y a lieu à licitation, dans le cas du précédent article, elle ne peut être faite qu'en justice, avec les formalités prescrites pour l'aliénation des biens des mineurs. Les étrangers y sont toujours admis.

130. Les partages faits conformément aux règles ci-dessus prescrites, soit par les tuteurs, avec l'autorisation d'un conseil de famille, soit par les mineurs émancipés, assistés de leurs curateurs, soit au nom des absens ou non présens, sont définitifs : ils ne sont que provisionnels, si les règles prescrites n'ont pas été observées.

131. Toute personne, même parente du défunt, qui n'est pas son successible, et à laquelle un cohéritier aurait cédé son droit à la succession, peut être écartée du partage,

soit par tous les cohéritiers, soit par un seul,
en lui remboursant le prix de la cession.

132. Après le partage, remise doit être
faite à chacun des copartageans, des titres
particuliers aux objets qui lui seront échus.

Les titres d'une propriété divisée restent à
celui qui a la plus grande part, à la charge
d'en aider ceux de ses copartageans qui y auront intérêt, quand il en sera requis.

Les titres communs à toute l'hérédité sont
remis à celui que tous les héritiers ont choisi
pour en être le dépositaire, à la charge d'en
aider les copartageans, à toute réquisition. S'il
y a difficulté sur ce choix, il est réglé par le
juge.

SECTION II.
Des Rapports.

133. Tout héritier, même bénéficiaire,
venant à une succession, doit rapporter à ses
cohéritiers tout ce qu'il a reçu du défunt par
donation entre-vifs, directement ou indirectement; il ne peut retenir les dons, ni réclamer les legs à lui faits par le défunt, à moins
que les dons et legs ne lui aient été faits expressément par préciput et hors part, ou avec
dispense du rapport.

L. III. 4 *

134. Dans le cas même où les dons et legs auraient été faits par préciput ou avec dispense du rapport, l'héritier venant à partage ne peut les retenir que jusqu'à concurrence de la quotité disponible : l'excédant est sujet à rapport.

135. L'héritier qui renonce à la succession, peut cependant retenir le don entre-vifs, ou réclamer le legs à lui fait, jusqu'à concurrence de la portion disponible.

136. Le donataire qui n'était pas héritier présomptif lors de la donation, mais qui se trouve successible au jour de l'ouverture de la succession, doit également le rapport, à moins que le donateur ne l'en ait dispensé.

137. Les dons et legs faits au fils de celui qui se trouve successible à l'époque de l'ouverture de la succession, sont toujours réputés faits avec dispense du rapport.

Le père venant à la succession du donateur, n'est pas tenu de les rapporter.

138. Pareillement, le fils venant de son chef à la succession du donateur, n'est pas tenu de rapporter le don fait à son père, même quand il aurait accepté la succession de celui-ci : mais si le fils ne vient que par représentation,

il doit rapporter ce qui avait été donné à son père, même dans le cas où il aurait répudié sa succession.

139. Les dons et legs faits au conjoint d'un époux successible, sont réputés faits avec dispense du rapport.

Si les dons et legs sont faits conjointement à deux époux, dont l'un seulement est successible, celui-ci en rapporte la moitié ; si les dons sont faits à l'époux successible, il les rapporte en entier.

140. Le rapport ne se fait qu'à la succession du donateur.

141. Le rapport est dû de ce qui a été employé pour l'établissement d'un des cohéritiers, ou pour le paiement des ses dettes.

142. Les frais de nourriture, d'entretien, d'éducation, d'apprentissage ; les frais ordinaires d'équipement, ceux de noces et présens d'usage, ne doivent pas être rapportés.

143. Il en est de même des profits que l'héritier a pu retirer de conventions passées avec le défunt, si ces conventions ne présentaient aucun avantage indirect, lorsqu'elles ont été faites.

144. Pareillement il n'est pas dû de rapport

pour les associations faites sans fraude entre
le défunt et l'un de ses héritiers, lorsque les
conditions en ont été réglées par un acte authentique.

145. L'immeuble qui a péri par cas fortuit,
et sans la faute du donataire, n'est pas sujet
à rapport.

146. Les fruits et les intérêts des choses
sujettes à rapport ne sont dus qu'à compter du
jour de l'ouverture de la succession.

147. Le rapport n'est dû que par le cohéritier à son cohéritier; il n'est pas dû aux légataires ni aux créanciers de la succession.

148. Le rapport se fait en nature ou en
moins prenant.

149. Il peut être exigé en nature, à l'égard
des immeubles, toutes les fois que l'immeuble
donné n'a pas été aliéné par le donataire, et
qu'il n'y a pas, dans la succession d'immeubles
de même nature, valeur et bonté, dont on
puisse former des lots à-peu-près égaux pour
les autres cohéritiers.

150. Le rapport n'a lieu qu'en moins prenant, quand le donataire a aliéné l'immeuble
avant l'ouverture de la succession; il est dû

de la valeur de l'immeuble à l'époque de l'ouverture.

151. Dans tous les cas, il doit être tenu
compte au donataire, des impenses qui ont
amélioré la chose, eu égard à ce dont sa valeur
se trouve augmentée au temps du partage.

152. Il doit être pareillement tenu compte
au donataire, des impenses nécessaires qu'il a
faites pour la conservation de la chose, encore
qu'elles n'aient point amélioré le fonds.

153. Le donataire, de son côté, doit tenir
compte des dégradations et détériorations qui
ont diminué la valeur de l'immeuble, par son
fait ou par sa faute et négligence.

154. Dans le cas où l'immeuble a été aliéné
par le donataire, les améliorations ou dégradations faites par l'acquéreur doivent être im-
putées conformément aux trois art. précédens.

155. Lorsque le rapport se fait en nature,
les biens se réunissent à la masse de la succession, francs et quittes de toutes charges
créées par le donataire; mais les créanciers
ayant hypothèque peuvent intervenir au partage, pour s'opposer à ce que le rapport se
fasse en fraude de leurs droits.

156. Lorsque le don d'un immeuble, fait à un successible avec dispense du rapport, excède la portion disponible, le rapport de l'excédant se fait en nature, si le retranchement de cet excédant peut s'opérer commodément.

Dans le cas contraire, si l'excédant est de plus de moitié de la valeur de l'immeuble, le donataire doit rapporter l'immeuble en totalité, sauf à prélever sur la masse la valeur de la portion disponible : si cette portion excède la moitié de la valeur de l'immeuble, le donataire peut retenir l'immeuble en totalité, sauf à moins prendre et à récompenser ses cohéritiers en argent ou autrement.

157. Le cohéritier qui fait le rapport en nature d'un immeuble, peut en retenir la possession jusqu'au remboursement effectif des sommes qui lui sont dues pour impenses ou améliorations.

158. Le rapport du mobilier ne se fait qu'en moins prenant. Il se fait sur le pied de la valeur du mobilier lors de la donation, d'après l'état estimatif annexé à l'acte ; et, à défaut de cet acte, d'après une estimation par experts, à juste prix et sans crue.

159. Le rapport de l'argent donné se fait en moins prenant dans le numéraire de la succession.

En cas d'insuffisance, le donataire peut se dispenser de rapporter du numéraire, en abandonnant, jusqu'à due concurrence, du mobilier, et à défaut de mobilier, des immeubles de la succession.

SECTION III.

Du Paiement des Dettes.

160. Les cohéritiers contribuent entre eux au paiement des dettes et charges de la succession, chacun dans la proportion de ce qu'il y prend.

161. Le légataire à titre universel contribue avec les héritiers au prorata de son émolument; mais le légataire particulier n'est pas tenu des dettes et charges, sauf toutefois l'action hypothécaire sur l'immeuble légué.

162. Lorsque des immeubles d'une succession sont grevés de rentes par hypothèque spéciale, chacun des cohéritiers peut exiger que les rentes soient remboursées et les immeubles rendus libres avant qu'il soit procédé

à la formation des lots : si les cohéritiers partagent la succession dans l'état où elle se trouve,
l'immeuble grevé doit être estimé au même
taux que les autres immeubles ; il est fait dé-
duction du capital de la rente, sur le prix
total ; l'héritier dans le lot duquel tombe cet
immeuble, demeure seul chargé du service de
la rente, et il doit en garantir ses cohéritiers.

163. Les héritiers sont tenus des dettes et
charges de la succession, personnellement
pour leur part et portion virile, et hypothécairement pour le tout ; sauf leur recours, soit
contre leurs cohéritiers, soit contre les légataires universels, à raison de la part pour
laquelle ils doivent y contribuer.

164. Le légataire particulier qui a acquitté
la dette dont l'immeuble légué était grevé,
demeure subrogé aux droits du créancier contre
les héritiers et successeurs à titre universel.

165. Le cohéritier ou successeur à titre universel, qui, par l'effet de l'hypothèque, a payé
au-delà de sa part de la dette commune, n'a
de recours contre les autres cohéritiers ou
successeurs à titre universel, que pour la part
que chacun d'eux doit personnellement en
supporter, même dans le cas où le cohéritier

qui a payé la dette se serait fait subroger aux droits des créanciers ; sans préjudice néanmoins des droits d'un cohéritier qui, par l'effet du bénéfice d'inventaire, aurait conservé la faculté de réclamer le paiement de sa créance personnelle comme tout autre créancier.

166. En cas d'insolvabilité d'un des cohéritiers ou successeurs à titre universel, sa part dans la dette hypothécaire est répartie sur tous les autres, au marc le franc.

167. Les titres exécutoires contre le défunt sont pareillement exécutoires contre l'héritier personnellement, et néanmoins le créancier ne pourra en poursuivre l'exécution que huit jours après la signification de ces titres à la personne ou au domicile de l'héritier.

168. Ils peuvent demander, dans tous les cas, et contre tout créancier, la séparation des patrimoines du défunt d'avec le patrimoine de l'héritier.

169. Ce droit ne peut cependant plus être exercé, lorsqu'il y a novation dans la créance contre le défunt, par l'acceptation de l'héritier pour débiteur.

170. Il se prescrit, relativement aux meubles, par le laps de trois ans.

A l'égard des immeubles, l'action peut être exercée tant qu'ils existent dans la main de l'héritier.

171. Les créanciers de l'héritier ne sont point admis à demander la séparation des patrimoines contre les créanciers de la succession.

172. Les créanciers d'un copartageant, pour éviter que le partage ne soit fait en fraude de leurs droits, peuvent s'opposer à ce qu'il y soit procédé hors de leur présence : ils ont droit d'y intervenir à leurs frais ; mais ils ne peuvent attaquer un partage consommé, à moins toutefois qu'il n'y ait été procédé sans eux, et au préjudice d'une opposition qu'ils auraient formée.

SECTION IV.

Des Effets du Partage et de la Garantie des Lots.

173. Chaque cohéritier est censé avoir succédé seul et immédiatement à tous les effets compris dans son lot, ou à lui échus sur licitation, et n'avoir jamais eu la propriété des autres effets de la succession.

174. Les cohéritiers demeurent respectivement garans, les uns envers les autres, des

troubles et évictions seulement qui procèdent d'une cause antérieure au partage.

La garantie n'a pas lieu, si l'espèce d'éviction soufferte a été exceptée par une clause particulière et expresse de l'acte de partage ; elle cesse, si c'est par sa faute que le cohéritier souffre l'éviction.

175. Chacun des cohéritiers est personnellement obligé, en proportion de sa part héréditaire, d'indemniser son cohéritier de la perte que lui a causée l'éviction.

Si l'un des cohéritiers se trouve insolvable, la portion dont il est tenu doit être également répartie entre le garanti et tous les cohéritiers solvables.

176. La garantie de la solvabilité du débiteur d'une rente, ne peut être exercée que dans les cinq ans qui suivent le partage. Il n'y a pas lieu à garantie, à raison de l'insolvabilité du débiteur, quand elle n'est survenue que depuis le partage consommé.

SECTION V.

De la Rescision en matière de Partage.

177. Les partages peuvent être resçindés pour cause de violence ou de dol.

Il peut aussi y avoir lieu à rescision lors-qu'un des cohéritiers établit, à son préjudice, une lésion de plus du quart. La simple omis-sion d'un objet de la succession ne donne pas ouverture à l'action en rescision, mais seule-ment à un supplément à l'acte de partage.

178. L'action en rescision est admise contre tout acte qui a pour objet de faire cesser l'in-division entre cohéritiers, encore qu'il fût qua-lifié de vente, d'échange et transaction, ou de toute autre manière.

Mais après le partage, ou l'acte qui en tient lieu, l'action en rescision n'est plus ad-missible contre la transaction faite sur les difficultés réelles que présentait le premier acte, même quand il n'y aurait pas eu à ce sujet de procès commencé.

179. L'action n'est pas admise contre une vente de droit successif, faite sans fraude à l'un des cohéritiers, à ses risques et périls, par ses autres cohéritiers, ou par l'un d'eux.

180. Pour juger s'il y a eu lésion, on estime les objets suivant leur valeur à l'époque du partage.

181. Le défendeur à la demande en resci-sion peut en arrêter le cours et empêcher un

nouveau partage, en offrant et en fournissant au demandeur le supplément de sa portion héréditaire, soit en numéraire, soit en nature.

182. Le cohéritier qui a aliéné son lot en tout ou partie, n'est plus recevable à intenter l'action en rescision pour dol ou violence, si l'aliénation qu'il a faite est postérieure à la découverte du dol, ou à la cessation de la violence.

Loi du 13 floréal an 11, promulguée à S.-Cloud le 23.

TITRE II.

Des Donations entre-vifs et des Testamens.

DISPOSITIONS GÉNÉRALES.

Art. 183. On ne pourra disposer de ses biens à titre gratuit, que par donations entre-vifs ou par testament, dans les formes ci-après établies.

184. La donation entre-vifs est un acte par lequel le donateur se dépouille actuellement et irrévocablement de la chose donnée, en faveur du donataire qui l'accepte.

L. III.   5 *

185. Le testament est un acte par lequel le testateur dispose, pour le temps où il n'existera plus, de tout ou partie de ses biens, et qu'il peut révoquer.

186. Les substitutions sont prohibées.

Toute disposition par laquelle le donataire, l'héritier institué ou le légataire, sera chargé de conserver et de rendre à un tiers, sera nulle, même à l'égard du donataire, de l'héritier institué, ou du légataire.

187. Sont exceptées de l'article précédent les dispositions permises aux pères et mères, et aux frères et sœurs, au chapitre V du présent titre.

188. La disposition par laquelle un tiers serait appellé à recueillir le don, l'hérédité ou le legs, dans le cas où le donataire, l'héritier institué ou le légataire, ne le recueillerait pas, ne sera pas regardée comme une substitution, et sera valable.

189. Il en sera de même de la disposition entre-vifs ou testamentaire, par laquelle l'usufruit sera donné à l'un, et la nue propriété à l'autre.

190. Dans toute disposition entre-vifs ou testamentaire, les conditions impossibles, celles

qui seront contraires aux lois ou aux mœurs, seront réputées non écrites.

CHAPITRE PREMIER.

De la Capacité de disposer ou de recevoir par Donation entre-vifs ou par Testament.

191. Pour faire une donation entre-vifs ou un testament, il faut être sain d'esprit.

192. Toutes personnes peuvent disposer et recevoir, soit par donation entre-vifs, soit par testament, excepté celles que la loi en déclare incapables.

193. Le mineur âgé de moins de seize ans ne pourra aucunement disposer, sauf ce qui est réglé au chapitre VIII, *des Donations entre époux.*

194. Le mineur parvenu à l'âge de seize ans ne pourra disposer que par testament, et jusqu'à concurrence seulement de la moitié, des biens dont la loi permet au majeur de disposer.

195. La femme mariée ne pourra donner entre-vifs sans l'assistance ou le consentement spécial de son mari, ou sans y être autorisée par la justice, conformément à ce qui est

prescrit par les articles 211 et 213 au titre *du Mariage.*

Elle n'aura besoin ni de consentement du mari, ni d'autorisation de la justice, pour disposer par testament.

196. Pour être capable de recevoir entre-vifs, il suffit d'être conçu au moment de la donation.

Pour être capable de recevoir par testament, il suffit d'être conçu à l'époque du décès du testateur. Néanmoins la donation ou le testament n'auront leur effet qu'autant que l'enfant sera né viable.

197. Le mineur, quoique parvenu à l'âge de seize ans, ne pourra, même par testament, disposer au profit de son tuteur.

Le mineur, devenu majeur, ne pourra disposer, soit par donation entre-vifs, soit par testament, au profit de celui qui aura été son tuteur, si le compte définitif de la tutelle n'a été préalablement rendu et apuré.

Sont exceptés, dans les deux cas ci-dessus, les ascendans des mineurs, qui sont ou qui ont été leurs tuteurs.

198. Les enfans naturels ne pourront, par donation entre-vifs ou par testament, rien re-

cevoir au-delà de ce qui leur est accordé au titre *des Successions*.

199. Les docteurs en médecine ou en chirurgie, les officiers de santé et les pharmaciens qui auront traité une personne pendant la maladie dont elle meurt, ne pourront profiter des dispositions entre-vifs ou testamentaires qu'elle aurait faites en leur faveur pendant le cours de cette maladie.

Sont exceptées, 1°. Les dispositions rémunératoires faites à titre particulier, eu égard aux facultés du disposant et aux services rendus ;

2°. Les dispositions universelles, dans le cas de parenté jusqu'au quatrième degré inclusivement, pourvu toutefois que le décédé n'ait pas d'héritier en ligne directe ; à moins que celui au profit de qui la disposition a été faite, ne soit lui-même du nombre de ces héritiers.

Les mêmes règles seront observées à l'égard du ministre du culte.

200. Les dispositions entre-vifs ou par testament, au profit des hospices, des pauvres d'une commune, ou d'établissemens d'utilité publique, n'auront leur effet qu'autant qu'elles seront autorisées par un arrêté du Gouvernement.

201. Toute disposition au profit d'un incapable sera nulle, soit qu'on la déguise sous la forme d'un contrat onéreux, soit qu'on la fasse sous le nom de personnes interposées.

Seront réputées personnes interposées, les pères et mères, les enfans et descendans, et l'époux de la personne incapable.

202. On ne pourra disposer au profit d'un étranger, que dans le cas où cet étranger pourrait disposer au profit d'un Français.

CHAPITRE II.

De la Portion de biens disponible, et de la Réduction.

SECTION PREMIÈRE.

De la Portion de biens disponible.

203. Les libéralités, soit par actes entre-vifs, soit par testament, ne pourront excéder la moitié des biens du disposant s'il ne laisse à son décès qu'un enfant légitime, le tiers s'il laisse deux enfans, le quart s'il en laisse trois ou un plus grand nombre.

204. Sont compris dans l'article précédent, sous le nom d'*enfans*, les descendans en quelque degré que ce soit ; néanmoins ils ne sont

comptés que pour l'enfant qu'ils représentent dans la succession du disposant.

205. Les libéralités par actes entre-vifs ou par testament ne pourront excéder la moitié des biens, si, à défaut d'enfant, le défunt laisse un ou plusieurs ascendans dans chacune des lignes paternelle et maternelle; et les trois quarts, s'il ne laisse d'ascendans que dans une ligne.

Les biens ainsi réservés au profit des ascendans, seront par eux recueillis dans l'ordre où la loi les appelle à succéder : ils auront seuls droit à cette réserve, dans tous les cas où un partage en concurrence avec des collatéraux ne leur donnerait pas la quotité de biens à laquelle elle est fixée.

206. A défaut d'ascendans et de descendans, les libéralités par actes entre-vifs ou testamentaires pourront épuiser la totalité des biens.

207. Si la disposition par actes entre-vifs ou par testament est d'un usufruit ou d'une rente viagère dont la valeur excède la quotité disponible, les héritiers au profit desquels la loi fait une réserve, auront l'option, ou d'exécuter cette disposition, ou de faire l'abandon de la propriété de la quotité disponible.

208. La valeur en pleine propriété des biens aliénés, soit à charge de rente viagère, soit à fonds perdu, ou avec réserve d'usufruit, à l'un des successibles en ligne directe, sera imputée sur la portion disponible; et l'excédant, s'il y en a, sera rapporté à la masse. Cette imputation et ce rapport ne pourront être demandés par ceux des autres successibles en ligne directe qui auraient consenti à ces aliénations, ni, dans aucun cas, par les successibles en ligne collatérale.

209. La quotité disponible pourra être donnée en tout ou en partie, soit par actes entre-vifs, soit par testament, aux enfans ou autres successibles du donateur, sans être sujette au rapport par le donataire ou légataire venant à la succession, pourvu que la disposition ait été faite expressément à titre de préciput ou hors part.

La déclaration que le don ou le legs est à titre de préciput ou hors part, pourra être faite, soit par l'acte qui contiendra la disposition, soit postérieurement dans la forme des dispositions entre-vifs ou testamentaires.

Section II.

De la Réduction des Donations et Legs.

210. Les dispositions, soit entre-vifs, soit à cause de mort, qui excéderont encore la quotité disponible, seront réductibles à cette quotité, lors de l'ouverture de la succession.

211. La réduction des dispositions entre-vifs ne pourra être demandée que par ceux au profit desquels la loi fait la réserve, par leurs héritiers ou ayant-cause : les donataires, les légataires, ni les créanciers du défunt, ne pourront demander cette réduction ni en profiter.

212. La réduction se détermine en formant une masse de tous les biens existans au décès du donateur ou testateur. On y réunit fictivement ceux dont il a été disposé par donations entre-vifs, d'après leur état à l'époque des donations, et leur valeur au temps du décès du donateur. On calcule, sur tous ces biens, après en avoir déduit les dettes, quelle est, eu égard à la qualité des héritiers qu'il laisse, la quotité dont il a pu disposer.

213. Il n'y aura jamais lieu à réduire les

donations entre-vifs, qu'après avoir épuisé la valeur de tous les biens compris dans les dispositions testamentaires ; et lorsqu'il y aura lieu à cette réduction, elle se fera en commençant par la dernière donation, et ainsi de suite, en remontant des dernières aux plus anciennes.

214. Si la donation entre-vifs réductible a été faite à l'un des successibles, il pourra retenir, sur les biens donnés, la valeur de la portion qui lui appartiendrait, comme héritier, dans les biens non disponibles, s'ils sont de la même nature.

215. Lorsque la valeur des donations entre-vifs excédera ou égalera la quotité disponible, toutes les dispositions testamentaires seront caduques.

216. Lorsque les dispositions testamentaires excéderont, soit la quotité disponible, soit la portion de cette quotité qui resterait, après avoir déduit la valeur des donations entre-vifs, la réduction sera faite au marc le franc, sans aucune distinction entre les legs universels et les legs particuliers.

217. Néanmoins, dans tous les cas où le

tostateur aura expressément déclaré qu'il entend que tel legs soit acquitté de préférence aux autres, cette préférence aura lieu; et le legs qui en sera l'objet, ne sera réduit qu'autant que la valeur des autres ne remplirait pas la réserve légale.

218. Le donataire restituera les fruits de ce qui excédera la portion disponible, à compter du jour du décès du donateur, si la demande en réduction a été faite dans l'année; sinon, du jour de la demande.

219. Les immeubles à recouvrer par l'effet de la réduction, le seront sans charge de dettes ou hypothèques créées par le donataire.

220. L'action en réduction ou revendication pourra être exercée par les héritiers contre les tiers détenteurs des immeubles faisant partie des donations et aliénés par les donataires, de la même manière et dans le même ordre que contre les donataires eux-mêmes, et discussion préalablement faite de leurs biens. Cette action devra être exercée suivant l'ordre de dates des aliénations, en commençant par la plus récente.

CHAPITRE III.

Des Donations entre-vifs.

SECTION PREMIÈRE.

De la Forme des Donations entre-vifs.

221. Tous actes portant donation entre-vifs seront passés devant notaires, dans la forme ordinaire des contrats ; et il en restera minute sous peine de nullité.

222. La donation entre-vifs n'engagera le donateur, et ne produira aucun effet, que du jour qu'elle aura été acceptée en termes exprès.

L'acceptation pourra être faite du vivant du donateur, par un acte postérieur et authentique, dont il restera minute ; mais alors la donation n'aura d'effet, à l'égard du donateur, que du jour où l'acte qui constatera cette acceptation lui aura été notifié.

223. Si le donataire est majeur, l'acceptation doit être faite par lui, ou, en son nom, par la personne fondée de sa procuration portant pouvoir d'accepter la donation faite, ou un pouvoir général d'accepter les donations qui auraient été ou qui pourraient être faites,

Cette procuration devra être passée devant

nótaires, et une expédition devra en être an-
nexée à la minute de la donation, ou à la
minute de l'acceptation qui serait faite par acte
séparé.

224. La femme mariée ne pourra accepter
une donation sans le consentement de son mari,
ou, en cas de refus du mari, sans autorisation
de la justice, conformément à ce qui est prescrit
par les art. 211 et 213, au titre *du Mariage.*

225. La donation faite à un mineur non
émancipé ou à un interdit, devra être acceptée
par son tuteur, conformément à l'article 457,
au titre *de la Minorité.*

Le mineur émancipé pourra accepter avec
l'assistance de son curateur.

Néanmoins, les père et mère du mineur
émancipé ou non émancipé, ou les autres
ascendans, même du vivant des père et mère,
quoiqu'ils ne soient ni tuteurs ni curateurs du
mineur, pourront accepter pour lui.

226. Le sourd-muet qui saura écrire, pourra
accepter lui-même ou par un fondé de pouvoir.

S'il ne sait pas écrire, l'acceptation doit
être faite par un curateur nommé à cet effet,
suivant les règles établies au titre *de la
Minorité.*

L. III. 6

227. Les donations faites au profit d'hospices, des pauvres d'une commune, ou d'établissemens d'utilité publique, seront acceptées
par les administrateurs de ces communes ou
établissemens, après y avoir été dûment autorisés.

228. La donation dûment acceptée sera
parfaite par le seul consentement des parties;
et la propriété des objets donnés sera transférée
au donataire, sans qu'il soit besoin d'autre
tradition.

229. Lorsqu'il y aura donation de biens
susceptibles d'hypothèques, la transcription
des actes contenant la donation et l'acceptation
ainsi que la notification de l'acceptation qui
aurait eu lieu par acte séparé, devra être faite
aux bureaux des hypothèques dans l'arrondissement desquels les biens sont situés.

230. Cette transcription sera faite à la diligence du mari, lorsque les biens auront été
donnés à sa femme; et si le mari ne remplit
pas cette formalité, la femme pourra y faire
procéder sans autorisation.

Lorsque la donation sera faite à des mineurs, à des interdits ou à des établissemens
publics, la transcription sera faite à la diligence,

des tuteurs, curateurs ou administrateurs.

231. Le défaut de transcription pourra être opposé par toutes personnes ayant intérêt, excepté toutefois celles qui sont chargées de faire faire la transcription, ou leurs ayant-cause et le donateur.

232. Les mineurs, les interdits, les femmes mariées, ne seront point restitués contre le défaut d'acceptation ou de transcription des donations ;  sauf leur recours contre leurs tuteurs ou maris, s'il y échet, et sans que la restitution puisse avoir lieu, dans le cas même où lesdits tuteurs et maris se trouveraient insolvables.

233. La donation entre-vifs ne pourra comprendre que les biens présens du donateur ; si elle comprend des biens à venir, elle sera nulle à cet égard.

234. Toute donation entre-vifs, faite sous des conditions dont l'exécution dépend de la seule volonté du donateur, sera nulle.

235. Elle sera pareillement nulle, si elle a été faite sous la condition d'acquitter d'autres dettes ou charges que celles qui existaient à l'époque de la donation, ou qui seraient exprimées, soit dans l'acte de donation, soit dans l'état qui devrait y être annexé.

236. En cas que le donateur se soit réservé la liberté de disposer d'un effet compris dans la donation, ou d'une somme fixe sur les biens donnés; s'il meurt sans en avoir disposé, ledit effet ou ladite somme appartiendra aux héritiers du donateur, nonobstant toutes clauses et stipulations à ce contraires.

237. Les quatre articles précédens ne s'appliquent point aux donations dont est mention aux chapitres VII et VIII du présent titre.

238. Tout acte de donation d'effets mobiliers ne sera valable que pour les effets dont un état estimatif, signé du donateur et du donataire ou de ceux qui acceptent pour lui, aura été annexé à la minute de la donation.

239. Il est permis au donateur de faire la réserve à son profit, ou de disposer au profit d'un autre, de la jouissance ou de l'usufruit des biens meubles ou immeubles donnés.

240. Lorsque la donation d'effets mobiliers aura été faite avec réserve d'usufruit, le donataire sera tenu, à l'expiration de l'usufruit, de prendre les effets donnés qui se trouveront en nature, dans l'état où ils seront; et il aura action contre le donateur ou ses héritiers, pour raison des objets non existans, jusqu'à

concurrence de la valeur qui leur aura été donnée dans l'état estimatif.

241. Le donateur pourra stipuler le droit de retour des objets donnés, soit pour le cas du prédécès du donataire seul, soit pour le cas du prédécès du donataire et de ses descendans.

Ce droit ne pourra être stipulé qu'au profit du donateur seul.

242. L'effet du droit de retour sera de résoudre toutes les aliénations des biens donnés, et de les faire revenir au donateur, francs et quittes de toutes charges et hypothèques, sauf néanmoins l'hypothèque de la dot et des conventions matrimoniales, si les autres biens de l'époux donataire ne suffisent pas, et dans le cas seulement où la donation lui aura été faite par le même contrat de mariage duquel résultent ces droits et hypothèques.

SECTION II.

Des Exceptions à la règle de l'Irrévocabilité des Donations entre-vifs.

243. La donation entre-vifs ne pourra être révoquée que pour cause d'inexécution des conditions sous lesquelles elle aura été faite,

pour cause d'ingratitude, et pour cause de survenance d'enfans.

244. Dans le cas de la révocation pour cause d'inexécution des conditions, les biens rentreront dans les mains du donateur, libres de toutes charges et hypothèques du chef du donataire ; et le donateur aura, contre les tiers détenteurs des immeubles donnés, tous les droits qu'il aurait contre le donataire lui-même.

245. La donation entre-vifs ne pourra être révoquée pour cause d'ingratitude que dans les cas suivans :

1°. Si le donataire a attenté à la vie du donateur ;

2°. S'il s'est rendu coupable envers lui de sévices, délits ou injures graves ;

3°. S'il lui refuse des alimens.

246. La révocation pour cause d'inexécution des conditions, ou pour cause d'ingratitude, n'aura jamais lieu de plein droit.

247. La demande en révocation pour cause d'ingratitude, devra être formée dans l'année, à compter du jour du délit imputé par le donateur au donataire, ou du jour que le délit aura pu être connu par le donateur.

Cette révocation ne pourra être demandée

par le donateur contre les héritiers du donataire, ni par les héritiers du donateur contre le donataire, à moins que, dans ce dernier cas, l'action n'ait été intentée par le donateur, ou qu'il ne soit décédé dans l'année du délit.

248. La révocation pour cause d'ingratitude ne préjudiciera ni aux aliénations faites par le donataire, ni aux hypothèques et autres charges réelles qu'il aura pu imposer sur l'objet de la donation, pourvu que le tout soit antérieur à l'inscription qui aurait été faite de l'extrait de la demande en révocation, en marge de la transcription prescrite par l'article 229.

Dans le cas de révocation, le donataire sera condamné à restituer la valeur des objets aliénés, eu égard au temps de la demande, et les fruits, à compter du jour de cette demande.

249. Les donations en faveur de mariage ne seront pas révocables pour cause d'ingratitude.

250. Toutes donations entre-vifs faites par personnes qui n'avaient point d'enfans ou de descendans actuellement vivans dans le temps de la donation, de quelque valeur que ces donations puissent être, et à quelque titre qu'elles aient été faites, et encore qu'elles

fussent mutuelles ou rémunératoires, même celles qui auraient été faites en faveur de mariage, par autres que par les ascendans aux conjoints ou par les conjoints l'un à l'autre, demeureront révoquées de plein droit par la survenance d'un enfant légitime du donateur, même d'un posthume, ou par la légitimation d'un enfant naturel par mariage subséquent, s'il est né depuis la donation.

251. Cette révocation aura lieu, encore que l'enfant du donateur ou de la donatrice fût conçu au temps de la donation.

252. La donation demeurera pareillement révoquée, lors même que le donataire serait entré en possession des biens donnés, et qu'il y aurait été laissé par le donateur depuis la survenance de l'enfant ; sans néanmoins que le donataire soit tenu de restituer les fruits par lui perçus, de quelque nature qu'ils soient, si ce n'est du jour que la naissance de l'enfant ou sa légitimation par mariage subséquent lui aura été notifiée par exploit ou autre acte en bonne forme ; et ce, quand même la demande pour rentrer dans les biens donnés, n'aurait été formée que postérieurement à cette notification.

253. Les biens compris dans la donation

révoquée de plein droit rentreront dans le patrimoine du donateur , libres de toutes charges et hypothèques du chef du donataire , sans qu'ils puissent demeurer affectés, même subsidiairement , à la restitution de la dot de la femme de ce donataire, de ses reprises ou autres conventions matrimoniales; ce qui aura lieu quand même la donation aurait été faite en faveur du mariage du donataire, et insérée dans le contrat, et que le donateur se serait obligé comme caution , par la donation , à l'exécution du contrat de mariage.

254. Les donations ainsi révoquées ne pourront revivre ou avoir de nouveau leur effet, ni par la mort de l'enfant du donateur , ni par aucun acte confirmatif; et si le donateur veut donner les mêmes biens au même donataire, soit avant ou après la mort de l'enfant par la naissance duquel la donation avait été révoquée, il ne le pourra faire que par une nouvelle disposition.

255. Toute clause ou convention par laquelle le donateur aurait renoncé à la révocation de la donation pour survenance d'enfant, sera regardée comme nulle, et ne pourra produire aucun effet.

256. Lo donataire, ses héritiers ou ayant-cause, ou autres détenteurs des choses données, ne pourront opposer la prescription pour faire valoir la donation révoquée par la survenance d'enfant, qu'après une possession de trente années, qui ne pourront commencer à courir que du jour de la naissance du dernier enfant du donateur, même posthume ; et ce, sans préjudice des interruptions, telles que de droit.

CHAPITRE IV.

Des Dispositions Testamentaires.

SECTION PREMIÈRE.

Des Règles générales sur la Forme des Testamens.

257. Toute personne pourra disposer par testament, soit sous le titre d'institution d'héritier, soit sous le titre de legs, soit sous toute autre dénomination propre à manifester sa volonté.

258. Un testament ne pourra être fait dans le même acte par deux ou plusieurs personnes, soit au profit d'un tiers, soit à titre de disposition réciproque et mutuelle.

259. Un testament pourra être olographe, ou fait par acte public, ou dans la forme mystique.

260. Le testament olographe ne sera point valable, s'il n'est écrit en entier, daté et signé de la main du testateur; il n'est assujetti à aucune autre forme.

261. Le testament par acte public est celui qui est reçu par deux notaires, en présence de deux témoins, ou par un notaire, en présence de quatre témoins.

262. Si le testament est reçu par deux notaires, il leur est dicté par le testateur, et il doit être écrit par l'un de ces notaires, tel qu'il est dicté.

S'il n'y a qu'un notaire, il doit également être dicté par le testateur, et écrit par ce notaire.

Dans l'un et l'autre cas, il doit en être donné lecture au testateur, en présence des témoins.

Il est fait du tout mention expresse.

263. Ce testament doit être signé par le testateur: s'il déclare qu'il ne sait ou ne peut signer, il sera fait dans l'acte mention expresse de sa déclaration, ainsi que de la cause qui l'empêche de signer.

264. Le testament devra être signé par les témoins; et néanmoins, dans les campagnes, il suffira qu'un des deux témoins signe, si le testament est reçu par deux notaires, et que deux des quatre témoins signent, s'il est reçu par un notaire.

265. Ne pourront être pris pour témoins du testament par acte public, ni les légataires, à quelque titre qu'ils soient, ni leurs parens ou alliés jusqu'au quatrième degré inclusivement, ni les clercs des notaires par lesquels les actes seront reçus.

266. Lorsque le testateur voudra faire un testament mystique ou secret, il sera tenu de signer ses dispositions, soit qu'il les ait écrites lui-même, ou qu'il les ait fait écrire par un autre. Sera le papier qui contiendra ces dispositions, ou le papier qui servira d'enveloppe, s'il y en a une, clos et scellé. Le testateur le présente ainsi clos et scellé au notaire, et à six témoins au moins, ou il fera clore et sceller en leur présence; et il déclarera que le contenu en ce papier est son testament écrit et signé de lui, ou écrit par un autre et signé de lui : le notaire en dressera l'acte de suscription, qui sera écrit sur ce papier ou sur la feuille

qui servira d'enveloppe ; cet acte sera signé
tant par le testateur que par le notaire, ensemble par les témoins. Tout ce que dessus
sera fait de suite et sans divertir à autres
actes ; et en cas que le testateur, par un em-
pêchement survenu depuis la signature du testament, ne puisse signer l'acte de suscription,
il sera fait mention de la déclaration qu'il en
aura faite, sans qu'il soit besoin, en ce cas,
d'augmenter le nombre des témoins.

267. Si le testateur ne sait signer, ou s'il
n'a pu le faire lorsqu'il a fait écrire ses dispositions, il sera appelé à l'acte de suscription
un témoin, outre le nombre porté par l'article
précédent, lequel signera l'acte avec les autres
témoins ; et il y sera fait mention de la cause
pour laquelle ce témoin aura été appelé.

268. Ceux qui ne savent ou ne peuvent lire,
ne pourront faire de disposition dans la forme
du testament mystique.

269. En cas que le testateur ne puisse par-
ler, mais qu'il puisse écrire, il pourra faire
un testament mystique, à la charge que le
testament sera entièrement écrit, daté et signé
de sa main, qu'il le présentera au notaire et
aux témoins, et qu'au haut de l'acte de

suscription, il écrira, en leur présence, que le papier qu'il présente est son testament : après quoi le notaire écrira l'acte de suscription, dans lequel il sera fait mention que le testateur a écrit ces mots en présence du notaire et des témoins; et sera, au surplus, observé tout ce qui est prescrit par l'article 266.

270. Les témoins appelés pour être présens aux testamens, devront être mâles, majeurs, républicoles, jouissant des droits civils.

Section II.
Des Règles particulières sur la Forme de certains Testamens.

271. Les testamens des militaires et des individus employés dans les armées, pourront, en quelque pays que ce soit, être reçus par un chef de bataillon ou d'escadron, ou par tout autre officier d'un grade supérieur, en présence de deux témoins, ou par deux commissaires des guerres, ou par un de ces commissaires en présence de deux témoins.

272. Ils pourront encore, si le testateur est malade ou blessé, être reçus par l'officier de santé en chef, assisté du commandant militaire chargé de la police de l'hospice.

273. Les dispositions des articles ci-dessus n'auront lieu qu'en faveur de ceux qui seront en expédition militaire, ou en quartier, ou en garnison hors du territoire de la République; ou prisonniers chez l'ennemi, sans que ceux qui seront en quartier ou en garnison dans l'intérieur puissent en profiter, à moins qu'ils ne se trouvent dans une place assiégée ou dans une citadelle et autres lieux dont les portes soient fermées et les communications interrompues à cause de la guerre.

274. Le testament fait dans la forme ci-dessus établie, sera nul six mois après que le testateur sera revenu dans un lieu où il aura la liberté d'employer les formes ordinaires.

275. Les testamens faits dans un lieu avec lequel toute communication sera interceptée à cause de la peste ou autre maladie contagieuse, pourront être faits devant le juge de paix ou devant l'un des officiers municipaux de la commune, en présence de deux témoins.

276. Cette disposition aura lieu, tant à l'égard de ceux qui seraient attaqués de ces maladies, que de ceux qui seraient dans les lieux qui en sont infectés, encore qu'ils ne fussent pas actuellement malades.

277. Les testamens mentionnés aux deux précédens articles, deviendront nuls six mois après que les communications auront été rétablies dans le lieu où le testateur so trouve, ou six mois après qu'il aura passé dans un lieu où elles ne seront point interrompues.

278. Les testamens faits sur mer, dans le cours d'un voyage, pourront être reçus ; savoir :

A bord des vaisseaux et autres bâtimens de l'Etat, par l'officier commandant le bâtiment, ou, à son défaut, par celui qui le supplée dans l'ordre du service, l'un ou l'autre conjointement avec l'officier d'administration où avec celui qui en remplit les fonctions ;

Et à bord des bâtimens de commerce, par l'écrivain du navire ou celui qui en fait les fonctions, l'un ou l'autre conjointement avec le capitaine, le maître ou le patron, ou, à leur défaut, par ceux qui les remplacent.

Dans tous les cas, ces testamens devront être reçus en présence de deux témoins.

279. Sur les bâtimens de l'Etat, le testament du capitaine ou celui de l'officier d'administration, et, sur les bâtimens de commerce, celui du capitaine, du maître ou patron, ou celui de l'écrivain, pourront être reçus par ceux qui

viennent après eux dans l'ordre du service, en se conformant pour le surplus aux dispositions de l'article précédent.

280. Dans tous les cas, il sera un double original des testamens mentionnés aux deux articles précédens.

281. Si le bâtiment aborde dans un port étranger dans lequel se trouve un commissaire des relations commerciales de France, ceux qui auront reçu le testament seront tenus de déposer l'un des originaux, clos ou cacheté, entre les mains de ce commissaire, qui le fera parvenir au ministre de la marine, et celui-ci en fera faire le dépôt au greffe de la justice de paix du lieu du domicile du testateur.

282. Au retour du bâtiment en France, soit dans le port de l'armement, soit dans un port autre que celui de l'armement, les deux originaux du testament, également clos et cachetés, ou l'original qui resterait, si, conformément à l'article précédent, l'autre avait été déposé pendant le cours du voyage, seront remis au bureau du préposé de l'inscription maritime; ce préposé les fera passer sans délai au ministre de la marine, qui en ordonnera le dépôt, ainsi qu'il est dit au même article.

283. Il sera fait mention sur le rôle du bâtiment, à la marge, du nom du testateur, de la remise qui aura été faite des originaux du testament, soit entre les mains d'un commissaire des relations commerciales, soit au bureau d'un préposé de l'inscription maritime.

284. Le testament ne sera point réputé fait en mer, quoiqu'il l'ait été dans le cours du voyage, si, au temps où il a été fait, le navire avait abordé une terre, soit étrangère, soit de la domination française, où il y aurait un officier public français; auquel cas il ne sera valable qu'autant qu'il aura été dressé suivant les formes prescrites en France, ou suivant celles usitées dans les pays où il aura été fait.

285. Les dispositions ci-dessus seront communes aux testamens faits par les simples passagers qui ne feront point partie de l'équipage.

286. Le testament fait sur mer en la forme prescrite par l'article 278, ne sera valable qu'autant que le testateur mourra en mer, ou dans les trois mois après qu'il sera descendu à terre, et dans un lieu où il aura pu le refaire dans les formes ordinaires.

287. Le testament fait sur mer ne pourra contenir aucune disposition au profit des offi-

ciers du vaisseau, s'ils ne sont parens du testateur.

Les testamens compris dans les articles ci-
dessus de la présente section, seront signés par
les testateurs et par ceux qui les auront reçus.

Si le testateur déclare qu'il ne sait ou ne
peut signer, il sera fait mention de sa déclaration, ainsi que de la cause qui l'empêche de
signer.

Dans le cas où la présence de deux témoins
est requise, le testament sera signé au moins
par l'un d'eux, et il sera fait mention de la
cause pour laquelle l'autre n'aura pas signé.

288. Un Français qui se trouvera en pays
étranger, pourra faire ses dispositions testamentaires par acte sous signature privée, ainsi qu'il
est prescrit en l'article 260, ou par acte authentique, avec les formes usitées dans le lieu
où il est passé.

289. Les testamens faits en pays étranger
ne pourront être exécutés sur les biens situés
en France, qu'après avoir été enregistrés au
bureau du domicile du testateur, s'il en a
conservé un, sinon au bureau de son dernier
domicile connu en France; et dans le cas où

le testament contiendrait des dispositions d'immeubles qui y seraient situés, il devra être, en outre, enregistré au bureau de la situation de ces immeubles, sans qu'il puisse être exigé un double droit.

290. Les formalités auxquelles les divers testamens sont assujettis par les dispositions de la présente section et de la précédente, doivent être observées à peine de nullité.

SECTION III.

Des Institutions d'héritier, et des Legs en général.

291. Les dispositions testamentaires sont, ou universelles, ou à titre universel, ou à titre particulier.

Chacune de ces dispositions, soit qu'elle ait été faite sous la dénomination d'institution d'héritier, soit qu'elle ait été faite sous la dénomination de legs, produira son effet suivant les règles ci-après établies pour les legs universels, pour les legs à titre universel, et pour les legs particuliers.

SECTION IV.

Du Legs universel.

292. Le legs universel est la disposition tes-

tamentaire par laquelle le testateur donne à une ou plusieurs personnes l'universalité des biens qu'il laissera à son décès.

293. Lorsqu'au décès du testateur il y a des héritiers auxquels une quotité de ses biens est réservée par la loi, ces héritiers sont saisis de plein droit, par sa mort, de tous les biens de la succession; et le légataire universel est tenu de leur demander la délivrance des biens compris dans le testament.

294. Néanmoins, dans les mêmes cas, le légataire universel aura la jouissance des biens compris dans le testament, à compter du jour du décès, si la demande en délivrance a été faite dans l'année, depuis cette époque; sinon cette jouissance ne commencera que du jour de la demande formée en justice, ou du jour que la délivrance aurait été volontairement consentie.

295. Lorsqu'au décès du testateur, il n'y aura pas d'héritiers auxquels une quotité de ses biens soit réservée par la loi, le légataire universel sera saisi de plein droit par la mort, sans être tenu de demander la délivrance.

296. Tout testament olographe sera, avant d'être mis à exécution, présenté au président

du tribunal do première instance de l'arrondissement dans lequel la succession est ouverte. Ce testament sera ouvert, s'il est cacheté.
Lo président dressera procès-verbal de la présentation, de l'ouverture et de l'état du testament, dont il ordonnera le dépôt entre les
mains du notaire par lui commis.

Si le testament est dans la forme mystique,
sa présentation, son ouverture, sa description
et son dépôt, seront faits de la même manière;
mais l'ouverture ne pourra se faire qu'en présence de ceux des notaires et des témoins,
signataires de l'acte de suscription, qui se trouveront sur les lieux, ou eux appelés.

297. Dans le cas de l'article 295, si le testament est olographe ou mystique, le légataire
universel sera tenu de se faire envoyer en possession, par une ordonnance du président, mise
au bas d'une requête, à laquelle sera joint l'acte
de dépôt.

298. Le légataire universel qui sera en
concours avec un héritier auquel la loi réserve
une quotité des biens, sera tenu des dettes et
charges de la succession du testateur, personnellement pour sa part et portion, et hypothécairement pour le tout; et il sera tenu

d'acquitter tous les legs, sauf le cas de réduction, ainsi qu'il est expliqué aux articles 216 et 217.

SECTION V.

Des Legs à titre universel.

299. Le legs à titre universel est celui par lequel le testateur lègue une quote-part des biens dont la loi permet de disposer, telle qu'une moitié, un tiers, ou tous ses immeubles, ou tout son mobilier, ou une quotité fixe de tous ses immeubles ou de tout son mobilier.

Tout autre legs ne forme qu'une disposition à titre particulier.

300. Les légataires à titre universel seront tenus de demander la délivrance aux héritiers auxquels une quotité des biens est réservée par la loi, à leur défaut aux légataires universels, et, à défaut de ceux-ci, aux héritiers appelés dans l'ordre établi au titre *des Successions.*

301. Le légataire à titre universel sera tenu, comme légataire universel, dés dettes et charges de la succession du testateur, personnellement pour sa part et portion, et hypothécairement pour le tout.

302. Lorsque le testateur n'aura disposé que d'une quotité de la portion disponible, et qu'il l'aura fait à titre universel, ce légataire sera tenu d'acquitter les legs particuliers par contribution avec les héritiers naturels.

SECTION VI.

Des Legs particuliers.

303. Tout legs pur et simple donnera au légataire, du jour du décès du testateur, un droit à la chose léguée, droit transmissible à ses héritiers ou ayant-cause.

Néanmoins, le légataire particulier ne pourra se mettre en possession de la chose léguée, ni en prétendre les fruits ou intérêts, qu'à compter du jour de sa demande en délivrance, formée suivant l'ordre établi par l'article 300, ou du jour auquel cette délivrance lui aurait été volontairement consentie.

304. Les intérêts ou fruits de la chose léguée courront au profit du légataire, dès le jour du décès, et sans qu'il ait formé sa demande en justice,

1°. Lorsque le testateur aura expressément déclaré sa volonté , à cet égard, dans le testament;

20. Lorsqu'une rente viagère ou une pension aura été léguée à titre d'alimens.

305. Les frais de la demande en délivrance seront à la charge de la succession, sans néanmoins qu'il puisse en résulter de réduction de la réserve légale.

Les droits d'enregistrement seront dus par le légataire.

Le tout s'il n'en a été autrement ordonné par le testament.

Chaque legs pourra être enregistré séparément, sans que cet enregistrement puisse profiter à aucun autre qu'au légataire ou à ses ayant-cause.

306. Les héritiers du testateur ou autres débiteurs d'un legs, seront personnellement tenus de l'acquitter, chacun au prorata de la part et portion dont ils profiteront dans la succession.

Ils en seront tenus hypothécairement pour le tout, jusqu'à concurrence de la valeur des immeubles de la succession dont ils seront détenteurs.

307. La chose léguée sera délivrée avec les accessoires nécessaires, et dans l'état où elle se trouvera au jour du décès du donateur.

308. Lorsque celui qui a légué la propriété d'un immeuble, l'a ensuite augmentée par des acquisitions, ces acquisitions, fussent-elles contiguës, ne seront pas censées, sans une nouvelle disposition, faire partie du legs.

Il en sera autrement des embellissemens ou des constructions nouvelles faites sur le fonds légué, ou d'un enclos dont le testateur aurait augmenté l'enceinte.

309. Si, avant le testament, ou depuis, la chose léguée a été hypothéquée pour une dette de la succession, ou même pour la dette d'un tiers, ou si elle est grevée d'un usufruit, celui qui doit acquitter le legs n'est point tenu de la dégager, à moins qu'il n'ait été chargé de le faire par une disposition expresse du testateur.

310. Lorsque le testateur aura légué la chose d'autrui, le legs sera nul, soit que le testateur ait connu ou non qu'elle ne lui appartenait pas.

311. Lorsque le legs sera d'une chose indéterminée, l'héritier ne sera pas obligé de la donner de la meilleure qualité, et il ne pourra l'offrir de la plus mauvaise.

312. Le legs fait au créancier ne sera pas censé en compensation de sa créance, ni le

legs fait au domestique en compensation de
ses gages.

3r3. Le légataire à titre particulier ne sera
point tenu des dettes de la succession, sauf la
réduction du legs, ainsi qu'il est dit ci-dessus,
et sauf l'action hypothécaire des créanciers.

Section VII.

Des Exécuteurs testamentaires.

3r4. Le testateur pourra nommer un ou
plusieurs exécuteurs testamentaires.

3r5. Il pourra leur donner la saisine du tout,
ou seulement d'une partie de son mobilier;
mais elle ne pourra durer au-delà de l'an et
jour à compter de son décès.

S'il ne la leur a pas donnée, ils ne pourront
l'exiger.

3r6. L'héritier pourra faire cesser la saisine,
en offrant de remettre aux exécuteurs testamentaires somme suffisante pour le paiement
des legs mobiliers, ou en justifiant de ce
paiement.

3r7. Celui qui ne peut s'obliger, ne peut
pas être exécuteur testamentaire.

3r8. La femme mariée ne pourra accepter

l'exécution testamentaire qu'avec le consentement de son mari.

Si elle est séparée de biens, soit par contrat
de mariage, soit par jugement, elle le pourra
avec le consentement de son mari, ou, à son
refus, autorisée par la justice, conformément
à ce qui a été prescrit par les articles 211 et
213, au titre *du Mariage.*

319. Le mineur ne pourra être exécuteur
testamentaire, même avec l'autorisation de
son tuteur ou curateur.

320. Les exécuteurs testamentaires feront
apposer les scellés, s'il y a des héritiers mineurs, interdits ou absens.

Ils feront faire, en présence de l'héritier
présomptif, ou lui dûment appelé, l'inventaire
des biens de la succession.

Ils provoqueront la vente du mobilier, à
défaut de deniers suffisans pour acquitter
les legs.

Ils veilleront à ce que le testament soit exécuté; et ils pourront, en cas de contestation
sur son exécution, intervenir pour en soutenir
la validité.

Ils devront, à l'expiration de l'année du

décès du testateur, rendre compte de leur gestion.

321. Les pouvoirs de l'exécuteur testamentaire ne passeront point à ses héritiers.

322. S'il y a plusieurs exécuteurs testamentaires qui aient accepté, un seul pourra agir au défaut des autres; et ils seront solidairement responsables du compte du mobilier qui leur a été confié, à moins que le testateur n'ait divisé leurs fonctions, et que chacun d'eux ne se soit renfermé dans celle qui lui était attribuée.

323. Les frais faits par l'exécuteur testamentaire pour l'apposition des scellés, l'inventaire, le compte et les autres frais relatifs à ses fonctions, seront à la charge de la succession.

SECTION VIII.

De la Révocation des Testamens, et de leur Caducité.

324. Les testamens ne pourront être révoqués, en tout ou en partie que, par un testament postérieur, ou par un acte devant notaires, portant déclaration du changement de volonté.

325. Les testamens postérieurs qui ne ré-

8.

voquerent pas d'une manière expresse les précédens, n'annulleront, dans ceux-ci, que celles des dispositions y contenues qui se trouveront incompatibles avec les nouvelles, ou qui seront contraires.

326. La révocation faite dans un testament postérieur aura tout son effet, quoique ce nouvel acte reste sans exécution par l'incapacité de l'héritier institué ou du légataire, ou par leur refus de recueillir.

327. Toute aliénation, celle même par vente avec faculté de rachat ou par échange, que fera le testateur de tout ou de partie de la chose léguée, emportera la révocation du legs pour tout ce qui a été aliéné, encore que l'aliénation postérieure soit nulle, et que l'objet soit rentré dans la main du testateur.

328. Toute disposition testamentaire sera caduque, si celui en faveur de qui elle est faite n'a pas survécu au testateur.

329. Toute disposition testamentaire faite sous une condition dépendante d'un événement incertain, et telle que, dans l'intention du testateur, cette disposition ne doive être exécutée qu'autant que l'événement arrivera ou n'arrivera pas, sera caduque, si l'héritier ins-

titué ou le légataire décède avant l'accomplis-sement de la condition.

33o. La condition qui dans l'intention du testateur ne fait que suspendre l'exécution de la disposition, n'empêchera pas l'héritier institué, ou le légataire, d'avoir un droit acquis et transmissible à ses héritiers.

33ı. Le legs sera caduc si la chose léguée a totalement péri pe dant la vie du testateur.

Il en sera de même si elle a péri depuis sa mort, sans le fait et la faute de l'héritier, quoique celui-ci ait été mis en retard de la délivrer, lorsqu'elle eût également dû périr entre les mains du légataire.

332. La disposition testamentaire sera caduque, lorsque l'héritier institué ou le légataire la répudiera, ou se trouvera incapable de la recueillir.

333. Il y aura lieu à accroissement au profit des légataires, dans le cas où le legs sera fait à plusieurs conjointement.

Le legs sera réputé fait conjointement, lorsqu'il le sera par une seule et même disposition, et que le testateur n'aura pas assigné la part de chacun des colégataires dans la chose léguée.

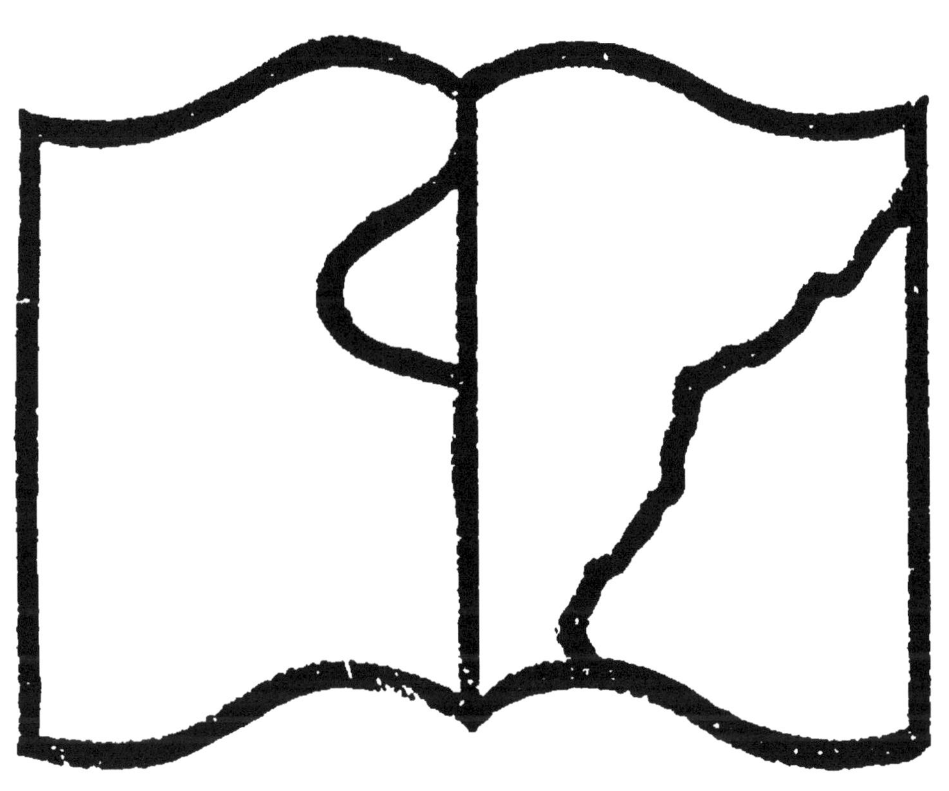

Texte détérioré — reliure défectueuse

NF Z 43-120-11

334. Il sera encore réputé fait conjointément, quand une chose qui n'est pas susceptible d'être divisée sans détérioration, aura été donnée par le même acte à plusieurs personnes, même séparément.

335. Les mêmes causes qui, suivant l'article 244 et les deux premières dispositions de l'article 245 du présent titre, autoriseront la demande en révocation de la donation entre-vifs, seront admises pour la demande en révocation des dispositions testamentaires.

336. Si cette demande est fondée sur une injure grave faite à la mémoire du testateur, elle doit être intentée dans l'année, à compter du jour du délit.

CHAPITRE V.

Des Dispositions permises en faveur des Petits-enfans du Donateur ou Testateur, ou des Enfans de ses Frères et Sœurs.

337. Les biens dont les pères et mères ont la faculté de disposer, pourront être par eux donnés, en tout ou en partie, à un ou plusieurs de leurs enfans, par actes entre-vifs ou testamentaires, avec la charge de rendre ces biens

aux enfans nés et à naître, au premier degré seulement, desdits donataires.

338. Sera valable, en cas de mort sans enfans, la disposition que le défunt aura faite par acte entre-vifs ou testamentaire, au profit d'un ou plusieurs de ses frères ou sœurs, de tout ou partie des biens qui ne sont point réservés par la loi dans sa succession, avec la charge de rendre ces biens aux enfans nés et à naître, au premier degré seulement, desdits frères ou sœurs donataires.

339. Les dispositions permises par les deux articles précédens, ne seront valables qu'autant que la charge de restitution sera au profit de tous les enfans nés et à naître du grevé, sans exception ni préférence d'âge ou de sexe.

340. Si, dans le cas ci-dessus, le grevé de restitution au profit de ses enfans, meurt, laissant des enfans au premier degré, et des descendans d'un enfant prédécédé, ces derniers recueilleront, par représentation, la portion de l'enfant prédécédé.

341. Si l'enfant, le frère ou la sœur auxquels des biens auraient été donnés par actes entre-vifs, sans charge de restitution, acceptent une nouvelle libéralité faite par acte entre-vifs ou

testamentaire, sous la condition que les biens précédemment donnés demeureront grevés de cette charge, il ne leur est plus permis de diviser les deux dispositions faites à leur profit, et de renoncer à la seconde pour s'en tenir à la première, quand même ils offriraient de rendre les biens compris dans la seconde disposition.

342. Les droits des appelés seront ouverts à l'époque où, par quelque cause que ce soit, la jouissance de l'enfant, du frère ou de la sœur grevés de restitution cessera : l'abandon anticipé de la jouissance au profit des appelés, ne pourra préjudicier aux créanciers du grevé antérieurs à l'abandon.

343. Les femmes des grevés ne pourront avoir, sur les biens à rendre, de recours subsidiaires, en cas d'insuffisance des biens libres, que pour le capital des deniers dotaux, et dans le cas seulement où le testateur l'aurait expressément ordonné.

344. Celui qui fera les dispositions autorisées par les articles précédens, pourra, par le même acte, ou par un acte postérieur, en forme authentique, nommer un tuteur chargé de l'exécution de ces dispositions : ce tuteur

ne pourra être dispensé que pour une des causes exprimées à la sixième section du chapitre II du titre *de la Minorité et des Tutelles.*

345. A défaut de ce tuteur, il en sera nommé un à la diligence du grevé, ou de son tuteur s'il est mineur, dans le délai d'un mois, à compter du jour du décès du donateur ou testateur, ou du jour que, depuis cette mort, l'acte contenant la disposition aura été connu.

346. Le grevé qui n'aura pas satisfait à l'article précédent, sera déchu du bénéfice de la disposition; et dans ce cas, le droit pourra être déclaré ouvert au profit des appelés, à la diligence, soit des appelés s'ils sont majeurs, soit de leur tuteur ou curateur s'ils sont mineurs ou interdits, soit de tout parent des appelés majeurs, mineurs ou interdits, ou même d'office, à la diligence du commissaire du Gouvernement près le tribunal de première instance du lieu où la succession est ouverte.

347. Après le décès de celui qui aura disposé à la charge de restitution, il sera procédé, dans les formes ordinaires, à l'inventaire de tous les biens et effets qui composeront sa succession, excepté néaumoins le cas où

il ne s'agirait que d'un legs particulier : cet inventaire contiendra la prisée à juste prix des meubles et effets mobiliers.

348. Il sera fait à la requête du grevé de restitution, et dans le délai fixé au titre *des Successions*, en présence du tuteur nommé pour l'exécution : les frais seront pris sur les biens compris dans la disposition.

349. Si l'inventaire n'a pas été fait à la requête du grevé, dans le délai ci-dessus, il y sera procédé dans le mois suivant, à la diligence du tuteur nommé pour l'exécution, en présence du grevé ou de son tuteur.

350. S'il n'a point été satisfait aux deux articles précédens, il sera procédé au même inventaire, à la diligence des personnes désignées en l'article 346, en y appelant le grevé ou son tuteur et le tuteur nommé pour l'exécution.

351. Le grevé de restitution sera tenu de faire procéder à la vente, par affiches et enchères, de tous les meubles et effets compris dans la disposition, à l'exception néanmoins de ceux dont il est mention dans les deux articles suivans.

352. Les meubles meublans et autres choses mobilières qui auraient été compris dans la disposition, à la condition expresse de les conserver en nature, seront rendus dans l'état où ils se trouveront lors de la restitution.

353. Les bestiaux et ustensiles servant à faire valoir les terres, seront censés compris dans les donations entre-vifs ou testamentaires desdites terres; et le grevé sera seulement tenu de les faire priser et estimer, pour en rendre une égale valeur lors de la restitution.

354. Il sera fait par le grevé, dans le délai de six mois, à compter du jour de la clôture de l'inventaire, un emploi des deniers comptans, de ceux provenant du prix des meubles et effets qui auront été vendus, et de ce qui aura été reçu des effets actifs.

Ce délai pourra être prolongé, s'il y a lieu.

355. Le grevé sera pareillement tenu de faire emploi des deniers provenant des effets actifs qui seront recouvrés, et des remboursemens de rentes; et ce dans trois mois au plus tard après qu'il aura reçu ces deniers.

356. Cet emploi sera fait conformément à ce qui aura été ordonné par l'auteur de la dis-

position , s'il a désigné la nature des effets dans lesquels l'emploi doit être fait; sinon il ne pourra l'être qu'en immeubles, ou avec privilége sur des immeubles.

357. L'emploi ordonné par les articles précédens sera fait en présence et à la diligence du tuteur nommé pour l'exécution.

358. Les dispositions par actes entre-vifs ou testamentaires, à charge de restitution, seront, à la diligence, soit du grevé, soit du tuteur nommé pour l'exécution, rendues publiques; savoir, quant aux immeubles, par la transcription des actes sur les registres au bureau des hypothèques du lieu de la situation; et quant aux sommes colloquées avec privilège sur des immeubles, par l'inscription sur les biens affectés au privilège.

359. Le défaut de transcription de l'acte contenant la disposition, pourra être opposé par les créanciers et tiers acquéreurs , même aux mineurs ou interdits; sauf le recours contre le grevé et contre le tuteur à l'exécution, et sans que les mineurs ou interdits puissent être restitués contre ce défaut de transcription, quand même le grevé et les tuteurs se trouveraient insolvables.

360. Le défaut de transcription ne pourra être suppléé ni regardé comme couvert par la connaissance que les créanciers ou les tiers acquéreurs pourraient avoir eue de la disposition par d'autres voies que celle de la transcription.

361. Les donataires, les légataires, ni même les héritiers légitimes de celui qui aura fait la disposition, ni pareillement leurs donataires, légataires ou héritiers, ne pourront, en aucun cas, opposer aux appelés le défaut de transcription ou inscription.

362. Le tuteur nommé pour l'exécution sera personnellement responsable, s'il ne s'est pas, en tout point, conformé aux règles ci-dessus établies pour constater les biens, pour la vente du mobilier, pour l'emploi des deniers, pour la transcription et l'inscription, et en général s'il n'a pas fait toutes les diligences nécessaires pour que la charge de restitution soit bien et fidèlement acquittée.

363. Si le grevé est mineur, il ne pourra, dans le cas même de l'insolvabilité de son tuteur, être restitué contre l'inexécution des règles qui lui sont prescrites par les articles du présent chapitre.

CHAPITRE VI.

Des Partages faits par Père, Mère, ou autres Ascendans, entre leurs Descendans.

364. Les père et mère et autres ascendans pourront faire, entre leurs enfans et descendans, la distribution et le partage de leurs biens.

365. Ces partages pourront être faits par actes entre-vifs ou testamentaires, avec les mêmes formalités, conditions et règles prescrites pour les donations entre vifs et testamens.

Les partages faits par actes entre-vifs ne pourront avoir pour objet que les biens présens.

366. Si tous les biens que l'ascendant laissera au jour de son décès n'ont pas été compris dans le partage, ceux de ces biens qui n'y auront pas été compris seront partagés conformément à la loi.

367. Si le partage n'est pas fait entre tous les enfans qui existeront à l'époque du décès et les descendans de ceux prédécédés, le partage sera nul pour le tout. Il en pourra être provoqué un nouveau dans la forme légale;

soit par les enfans ou descendans qui n'y auront reçu aucune part, soit même par ceux qui, qui le partage aurait été fait.

368. Le partage fait par l'ascendant pourra être attaqué pour cause de lésion de plus du quart; il pourra l'être aussi dans le cas où il résulterait du partage et des dispositions faites par préciput, que l'un des copartagés aurait un avantage plus grand que la loi ne le permet.

369. L'enfant qui, pour une des causes exprimées en l'article précédent, attaquera le partage fait par l'ascendant, devra faire l'avance des frais de l'estimation; et il les supportera en définitif, ainsi que les dépens de la contestation, si la réclamation n'est pas fondée.

CHAPITRE VII.

Des Donations faites par contrat de mariage aux Époux et aux Enfans à naître du mariage.

370. Toute donation entre-vifs de biens présens, quoique faite par contrat de mariage aux époux, ou à l'un d'eux, sera soumise aux règles générales prescrites pour les donations faites à ce titre.

Elle ne pourra avoir lieu au profit des enfans à naître, si ce n'est dans les cas énoncés au chapitre V ci-dessus.

371. Les pères et mères, les autres ascendans, les parens collatéraux des époux, et même les étrangers, pourront, par contrat de mariage, donner tout ou partie des biens qu'ils laisseront au jour de leur décès, tant au profit desdits époux, qu'au profit des enfans à naître de leur mariage, dans le cas où le donateur survivrait à l'époux donataire.

Pareille donation, quoique faite au profit seulement des époux ou de l'un d'eux, sera toujours, dans ledit cas de survie du donateur, présumée faite au profit des enfans et des descendans à naître du mariage.

372. La donation, dans la forme portée au précédent article, sera irrévocable en ce sens seulement que le donateur ne pourra plus disposer, à titre gratuit, des objets compris dans la donation, si ce n'est pour sommes modiques, à titre de récompense ou autrement.

373. La donation par contrat de mariage pourra être faite cumulativement des biens présens et à venir en tout ou en partie, à la

charge qu'il sera annexé à l'acte un état estimatif des dettes et charges du donateur, existantes au jour de la donation ; auquel cas il sera libre au donataire, lors du décès du donateur, de s'en tenir aux biens présens, en renonçant au surplus des biens du donateur.

374. Si l'état dont est mention au précédent article n'a point été annexé à l'acte contenant donation des biens présens et à venir, le donataire sera obligé d'accepter ou de répudier cette donation pour le tout. En cas d'acceptation, il ne pourra réclamer que les biens qui se trouveront existans au jour du décès du donateur, et il sera soumis au paiement de toutes les dettes et charges de la succession.

375. La donation par contrat de mariage en faveur des époux et des enfans à naître de leur mariage pourra encore être faite à condition de payer indistinctement toutes les dettes et charges de la succession du donateur, ou sous d'autres conditions dont l'exécution dépendrait de sa volonté, par quelques personnes que la donation soit faite : le donataire sera tenu d'accomplir ces conditions, s'il n'aime mieux

renoncer à la donation ; et en cas que le donateur, par contrat de mariage, se soit réservé la liberté de disposer d'un effet compris dans la donation de ses biens présens, ou d'une somme fixe à prendre sur ces mêmes biens, l'effet ou la somme, s'il meurt sans en avoir disposé, seront censés compris dans la donation, et appartiendront au donataire ou à ses héritiers.

376. Les donations faites par contrat de mariage ne pourront être attaquées ni déclarées nulles, sous prétexte de défaut d'acceptation.

377. Toute donation faite en faveur du mariage sera caduque si le mariage ne s'ensuit pas.

378. Les donations faites à l'un des époux dans les termes des articles 371, 373 et 375 ci-dessus, deviendront caduques, si le donateur survit à l'époux donataire et à sa postérité.

379. Toutes donations faites aux époux par leur contrat de mariage, seront, lors de l'ouverture de la succession du donateur, réductibles à la portion dont la loi lui permettait de disposer.

CHAPITRE VIII.

*Des Dispositions entre Epoux, soit par co
trat de mariage, soit pendant le mariage.*

380. Les époux pourront, par contrat de
mariage, se faire réciproquement, ou l'un
des deux à l'autre, telle donation qu'ils jugeront à propos, sous les modifications ci-après
exprimées.

381. Toute donation entre-vifs de biens présens, faite entre époux par contrat de mariage,
ne sera point censée faite sous la condition de
survie du donataire, si cette condition n'est
formellement exprimée ; et elle sera soumise
à toutes les règles et formes ci-dessus prescrites
pour ces sortes de donations.

382. La donation de biens à venir, ou de
biens présens et à venir, faite entre époux par
contrat de mariage, soit simple, soit réciproque, sera soumise aux règles établies par
le chapitre précédent, à l'égard des donations
pareilles qui leur seront faites par un tiers;
sauf qu'elle ne sera point transmissible aux
enfans issus du mariage, en cas de décès de
l'époux donataire avant l'époux donateur.

383. L'époux pourra, soit par contrat de mariage, soit pendant le mariage, pour le cas où il ne laisserait point d'enfans ni descendans, disposer en faveur de l'autre époux, en propriété, de tout ce dont il pourrait disposer en faveur d'un étranger, et, en outre, de l'usufruit de la totalité de la portion dont la loi prohibe la disposition au préjudice des héritiers.

Et pour le cas où l'époux donateur laisserait des enfans ou descendans, il pourra donner à l'autre époux, ou un quart en propriété et un autre quart en usufruit, ou la-moitié de tous ses biens en usufruit seulement.

384. Le mineur ne pourra, par contrat de mariage, donner à l'autre époux, soit par donation simple, soit par donation réciproque, qu'avec le consentement et l'assistance de ceux dont le consentement est requis pour la validité de son mariage ; et, avec ce consentement, il pourra donner tout ce que la loi permet à l'époux majeur de donner à l'autre conjoint.

385. Toutes donations faites entre époux, pendant le mariage, quoique qualifiées entre-vifs, seront toujours révocables.

La révocation pourra être faite par la

femme, sans y être autorisée par le mari ni par justice.

Ces donations ne seront point révoquées par la survenance d'enfans.

386. Les époux ne pourront, pendant le mariage, se faire, ni par acte entre-vifs, ni par testament, aucune donation mutuelle et réciproque par un seul et même acte.

387. L'homme ou la femme qui, ayant des enfans d'un autre lit, contractera un second ou subséquent mariage, ne pourra donner à son nouvel époux qu'une part d'enfant légitime le moins prenant, et sans que, dans aucun cas, ces donations puissent excéder le quart des biens.

388. Les époux ne pourront se donner indirectement au-delà de ce qui leur est permis par les dispositions ci-dessus.

Toute donation, ou déguisée ou faite à personnes interposées, sera nulle.

389. Seront réputées faites à personnes interposées, les donations de l'un des époux aux enfans, ou à l'un des enfans de l'autre époux, issus d'un autre mariage, et celles faites par le

...ateur aux parens dont l'autre époux sera ...itier présomptif au jour de la donation, ...ore que ce dernier n'ait point survécu à ...parent donataire.

FIN DU LIVRE IIIe.

pour se la procurer, à Paris & en Province, chez les Libraires qui vendent les nouveautés.

Ceux qui ne voudront point se charger de l'entiere Collection, pourront s'en faire détacher les Romans qui leur conviendront.

Rien de plus agréable & de plus joli que cette Collection ; l'Edition en est précieuse par le soin qu'on y a mis, & le choix des Ouvrages ne laisse rien à désirer ; il offre réellement tout ce que nous avons de meilleur, de plus piquant, de plus intéressant & de plus varié en ce genre.

Le format de cet Ouvrage, ainsi que le caractere qui ne fatigue pas les yeux du Lecteur, est conforme au présent Avis.

Les Editeurs de cet Ouvrage donneront incessamment, à la suite de cette Collection, un choix des meilleurs Poëtes, pour la réndre plus variée.